JN440248

세충다백

세충다백

초판 1쇄 인쇄일 2015년 11월 28일
초판 1쇄 발행일 2015년 12월 1일

지은이 최종진
펴낸이 양옥매
디자인 최원용
교 정 조준경

펴낸곳 도서출판 책과나무
출판등록 제2012-000376
주소 서울특별시 마포구 월드컵북로 44길 37 천지빌딩 3층
대표전화 02.372.1537 **팩스** 02.372.1538
이메일 booknamu2007@naver.com
홈페이지 www.booknamu.com
ISBN 979-11-5776-124-1(03810)

이 도서의 국립중앙도서관 출판시도서목록(CIP)은 서지정보유통지원 시스템 홈페이지(http://seoji.nl.go.kr)와 국가자료공동목록시스템(http://www.nl.go.kr/kolisnet)에서 이용하실 수 있습니다.
(CIP제어번호 : CIP2015032482)

우리나라의 108번뇌 해탈을 위한

최종신의 희망 수필 시집

세충다백

세종대왕처럼

충무공 이순신 장군처럼

다산 정약용 선생처럼

백범 김구 선생처럼

최종진 지음

책과나무

CONTENTS

PART 01 큰 의사 선생님

PART 02 '새 것' 없는 새 정치

PART 03 여성이 안심하고 나다녀야

PART 04 용서, 화합 그리고 전진

PART 05 교육이 뭐길래

PART 06 멋진 삶과 추한 삶

PART 07 아빠, 삼촌 일자리 좀 나눠 줘요

– 행복지수와 행복

머리말

나 하늘로 돌아가리라.
새벽빛 와 닿으면 스러지는
이슬 더불어 손에 손 잡고,
나 하늘로 돌아가리라.

노을빛 함께 단둘이서 기슭에서 놀다가
구름 손짓하면,
나 하늘로 돌아가리라.

아름다운 이 세상 소풍 끝내는 날
가서, 아름다웠다고 말하리라.

–'귀천(歸天)', 천상병

정년(停年) 1년을 남기고, 명예퇴직(名譽退職)으로 자발적 실업자가 되면서, 천상병 시인의 '귀천'의 한 구절처럼, 〈저의 40여 년의 학교 소풍〉을 끝냈습니다.
건강히, 큰 허물[大過] 없이 학교 소풍을 끝냈기에 결론은 '아름답다!'고 생각돼 감사할 따름입니다.

자연인(自然人)으로 돌아온 두 달 동안 이 글을 썼습니다.
시(詩)로 쓰자니 그릇이 '너무 예쁘고 작다'고 생각됐고, 수필(隨筆)로 쓰자니 그릇이 '너무 큰 것' 같아 시와 수필을 버무려 그 중간쯤 '어드매'를 만들어봤습니다.

그래서 이 글은 시(詩)도 아니고 수필(隨筆)도 아닙니다.
모름지기 제가 만들어 이 세상에 처음 태어난 이름하여 '수필 시'입니다.

내용은 누구나에게나 '이바구 거리'가 되는, 그저 함께 우리 시대를 산 한 소시민(小市民)의 '바람'이며, '넋두리'입니다.

이 정도의 '생각과 느낌'은 우리 시대를 함께 산 사람이라면 누구에게나 있어 별 게 아니지만, 그래도 『구슬이 서 말이라도 꿰어야 보배』라는 속담처럼 문자로 기록되지 않고, 우리들의 '머리와 마음 속'에만 있으면 시간이 가면 언젠가는 '아침 해 떠오르면 사라지는 이슬'처럼 사라져 없어질 것이기에 누가 하라고 하지 않았지만, 제가 스스로 나서 글로 써 '존재화'하고 마음 여유 있을 때의 '이바구거리'로 올려봅니다.

저를 아시는 분들과 저를 모르시더라도 혹 이 글을 읽게 되시는 분들과 잠깐만이라도 같은 '바람'을 갖는 기회와 혹 그 기회가 넉넉한 수확은 아니더라도 그 수확을 위한 '한 알의 밀알'이나마 됐으면 싶을 따름입니다.

2015년 가뭄 심한 늦가을

성미산 아래서 최 종 진 삼가 올립니다.

서시(序詩)

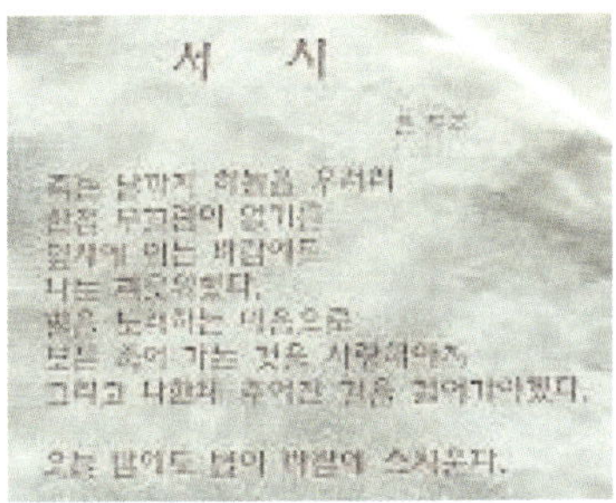

서 시

죽는 날까지 하늘을 우러러
한점 부끄럼이 없기를
잎새에 이는 바람에도
나는 괴로워했다.
별을 노래하는 마음으로
모든 죽어 가는 것을 사랑해야지
그리고 나한테 주어진 길을 걸어가야겠다.

오늘 밤에도 별이 바람에 스치운다.

당신께서 우리나라 대통령(국회의원) 님이시라면,
아기가 울어야 젖을 주는 엄마가 아니라,
울기 전에 미리 때 맞춰 젖 주는 엄마처럼 해 주시겠죠?

당신께서 우리나라 대통령(국회의원) 님이시라면,
여름 내내 노래만 부르다가 겨울이 오자 먹을 것이 없어
개미 집에 양식을 꾸러 가는 베짱이가 아니라,
추운 겨울을 대비해 차곡차곡
양식을 모은 개미처럼 해 주시겠죠?

당신께서 우리나라 대통령(국회의원) 님이시라면,
비설거지를 하지 않아 집안을 엉망으로 만드는

어리석고 게으른 농부가 아니라,
비 올 것에 대비해 미리 비설거지 하는
지혜롭고 부지런한 농부처럼 해 주시겠죠?

당신께서 우리나라 대통령(국회의원) 님이시라면,
율곡 이이 선생의 10만 양병론(養兵論)을 무시하고
대비하지 않아 7년 임진왜란으로
나라를 피폐하게 만들고,
백성들을 질곡(桎梏) 속에 몰아넣고,
임금 자신도 도성(都城) 서울을 버리고
의주로 몽진(蒙塵)을 가는
임금 선조처럼 하시지는 않으시겠죠?

당신께서 우리나라 대통령(국회의원) 님이시라면,
불경기에, 저출산 문제에, 청년 실업 문제에,
노인 문제에, 남북한 문제에, 국제 문제에
유비무환(有備無患)의 선견지명(先見之明)으로 대처해
나라와 국민을 어렵게 만드시지는 않으시겠죠?

당신께서 우리나라 대통령(국회의원) 님이시라면,
국민들의 가려운 데를 시원하게 긁어 주고,

아픈 데를 **“엄마 손이 약손이다!”** 하며
따뜻하게 어루만져 낫게 해 줘
온 국민의 따뜻한 존경을 받고
국민들이 고마워하는
대통령과 국회의원 님이 돼 주시겠죠?

당신께서
우리나라
대통령(국회의원)
님이시라면

PART 01

큰 의사 선생님

Se / chung / da / baek

세충다백

번뇌 1.

당신께서 우리나라 대통령(국회의원) 님이시라면,

세종 대왕처럼, 충무공 이순신 장군처럼, 다산 정약용 선생처럼,
백범 김구 선생처럼
국민과 나라를 사랑해 주시겠죠?

'세충다백(世忠茶白)'의 정신을
영어로 말하면 어떻게 될까요?
아마도 링컨 대통령이 게티즈버그 연설에서 말한,
"국민의, 국민에 의한, 국민을 위한 정부는
이 세상에서 사라지지 않을 것입니다.
(government of the people,
by the people,
for the people,
shall not perish from the earth!)"가
되고도 남을 거예요.

이런 사람은 윗사람, 자기 이익,
포퓰리즘 (populism)만을 생각하는
'해바라기'가 아니라,
진정 국민과 국가만 생각하고 바라보는

'국민바라기'이시겠죠?

이런 분이 우리나라의 지도자라면,

아마도 우리나라는 땅덩어리는 작아도

잘 사는 스위스, 덴마아크, 싱가폴, 베네룩스3국처럼

'세계 제일 나라'를 만들 것이고,

우리 국민은 마냥 행복에 겹겠지요.

1-1. 세종대왕!

조선 4대 임금!

형님들의 양보 속에 임금이 되셔

큰 '나랏님'이 되신 분!

32년간 재임하시며, 백성들의 삶을 풍요롭게 하신

우리 민족 최고의 군주(君主),

충녕군(忠寧君) 이도(李祹)!

젊은 학자들이 공부할 수 있도록
집현전을 만들어 학문을 장려하고
문화를 창달시키고, 과학을 발전시키고,
국방을 튼튼히 하면서
나라의 말이 중국과 달라
문맹(文盲)의 고통 속에 있는
불쌍한 백성들과 나라의 미래를 위해
중국의 위협과 숱한 반대를 무릅쓰고
훈민정음(訓民正音)을 창제하신
애민휼민(愛民恤民)의 임금 세종!

노비(奴婢)인 장영실을 등용해 과학기술을 발전시켜
측우기, 해시계, 자격루 등을 만드신
'깨고 트인' 임금 세종!
김종서, 최윤덕 장군을 시켜 여진족을 정벌하고
4군 6진을 개척하여 나라의 영토 넓혀,
두만강과 압록강 국경을 확보한 임금 세종!
이종무 장군을 통해 대마도를 정벌해
다시는 왜구(倭寇)들이 설치지 못하게 한 임금 세종!
박연을 통해 아악을 정리하시고,
월인천강지곡, 석보상절, 용비어천가, 고려사,

팔도지리지, 치평요람, 팔도지리지 등의
책을 발간하시고 인쇄술을 발선시키고,
화포와 화약제조 기술까지 발전시켰을 뿐만 아니라,
농사직설과 향약집성을 통해 백성의 삶을 살찌운 임금 세종!
대왕께선 '백성이 나라의 근본(民惟邦本)'이며,
'밥이 백성의 하늘(食爲民天)'이라고 생각하시며,
애오라지 백성만을 위하는 '백성바라기'셨지요.

그래서 만 원 지폐의 주인공이 되시고,
광화문 광장의 주인 되신 임금 세종!
당신의 애민휼민 정신과
지도력이 그리운 21세기 배달 민족!

당신께서 우리나라 대통령(국회의원) 님이시라면,
사실상 국제어(國際語)인 영어(英語)를 사용하는
미국의 문맹률이 30% 가까이 되지만,
우리나라의 문맹률이 0%에 가까운 것은
한글의 쉽고 훌륭한 때문임을 알고
온 국민이 우리 말글을 사랑하게 해 주시겠죠?

유엔(UN)도 이런 점을 인정하고 유네스코에서

문맹률 퇴치에 이바지한 사람들에게
매년 주는 상(賞)을 제정했는 데,
그 상 이름을 '세종대왕상(King Sejong Prize)'했지요.

영국의 역사학자이자 다큐멘터리 작가인
존 맨(John Man)은
"한글이야말로 모든 언어가
꿈꾸는 최고의 알파벳"이라고 말했지요.

또 2008년 노벨 문학상 수상자인
프랑스 작가 르 클레지오(75 · Le Clezio)는
2015년 9월 16일
'모국어와 문학, 한글과 문학'이라는 주제의 특별 강연에서,
한글 창제에 지대한 공을 세운 정인지가
'스승 없이 깨우치는 글'이라고 했듯,
"한글은 훌륭하다. 한글은 말을 빠르게 습득하기 위해
발명한 배우기 쉬운 언어며,
보편성을 지닌 언어로,
전 세계 소수 언어를 보호하는 데,
큰 역할을 할 수 있다."고 말했지요.

이어 "말만 있고 문자가 없는 소수언이를 보존하려면

기록으로 남겨야 하는 데,

모든 소수 언어는 한글로 쓸 수 있기에

한글 교육은 분명 세계적인 의의가 있다."고 강조했지요.

또 "어떤 언어가 다른 언어보다 우월한지 평가하는 것은

매우 주관적인 영역이지만,

한글이 영어, 스페인어, 아랍어보다

훨씬 논리적이다"라고도 말했고요.

2009년 7월, 인도네시아 동부 오지(奧地)의

소수 종족인 '찌아찌아족'

약 300만 명이 자신들의 모국어를 한글로

배우고 익히기 시작했고,

남아메리카 볼리비아에 이어

토착 부족 '아이마라' 부족 약 300만 명도

고유어인 아이마라어(語)가 있지만,

스페인어를 빌려 표기해 오다,

한글로 표기하기 시작했지요.

이는 우리 한글이 어느 말이든 쓰기에
알맞다는 것을 입증하는 것이지요.

제어드 다이아먼드는 미국 과학 전문지
디스커버리호 1996년 6월호에,
“한글은 그 독창성과 기호 배합의 효율성 면에서
특히 돋보이는 ‘세계에서 가장 합리적인 문자’”라고
『쓰기-정확함』이란 제목의 글에서 주장했지요.
“한글은 ‘지식의 확산’이란 문화적인 측면에서
탁월한 모델 케이스로 인정받고 있고,
세종 대왕이 언어학자가 아니었음에도 불구하고
‘세계에서 가장 우수한 알파벳’을 만들었다.
한글은 더욱이 ‘쓰기에서도
가장 과학적인 체계를 갖추고 있다.”고
찬사를 아끼지 않았지요.
제어드 다이아먼드는 “한글이 우수한 이유는 무엇보다,
모음과 자음이 쉽게 구분되며,
자음이 입술, 입 및 혀의 위치를 확실히 해 주는 한편,
28개 자모가 수직-수평의 조합을 통해
반듯한 사각형을 이루면서

질서 정연하게 배열되는 점인 데,

한반도에 문맹률이 극히 낮은 것은

한글의 간결함에서 비롯된 것."이라고 했지요.

1-2. 충무공 이순신 장군

충무공 이순신 장군!

조선은 칠천량 해전의 패배로 수군(水軍)과

배를 모두 잃고 실의에 빠졌으나,

억울하게 서울로 압송돼 곤장(棍杖)을 맞고

옥살이를 하고 삭탈관직(削奪官職)을 당하고

백의종군(白衣從軍)했으나 공(公)은 의연했지요.

"신(臣)은 죽지 않았고,

신에게는 아직 12척의 배가 남아 있습니다!

(臣 舜臣 不死, 今臣戰船 尙有十二)"

"신이 살아있는 한 감히 적은

조선의 바다를 넘보지 못할 것입니다!"

공은 12척의 배로 왜적의 배 133척을 물리치셨고,

23전 23승으로 백척간두(百尺竿頭),

바람 앞에 등불 같은 나라를 구했을 뿐 아니라

곤궁한 백성들의 살림살이를

챙겨 주시기까지 살가우셨지요.

"죽고자 하는 자는 살고, 살고자 하는 자는 죽을 것이다!

(必死則生 必生則死)"

"싸움이 급하니 내 죽음을 적에게 알리지 말라!

(戰方急 愼勿言我死)"

공께선 '조정을 기망하고 적을 토벌하지 않았다는 등의

4가지 무고죄(誣告罪)로 모진 문초(問招)를 당하시고

목숨을 잃을 뻔하셨으나,

하늘의 도움과 영의정 유성룡과 정탁의 탄원으로

겨우 사형(死刑)을 면하고,

28일간의 옥고(獄苦)를 치른 후,

도원수 권율 장군의 막하(幕下)에 백의종군(白衣從軍)하라는
명을 받고 특사되었으나,
조금도 나라를 원망치 않았지요.

설상가상(雪上加霜)으로
어머님을 여의는 슬픔까지 당하시고도
삼도수군통제사(三道水軍統制使)로 거북선을 만들어
바다를 제패(制覇)함으로써
임진 7년 전쟁을 승리로 이끄셨지요.
과거 공부를 하다,

뜻한 바 있어 늦은 나이인 22세에 무예(武藝)를
배우기 시작하여,
28세 되는 1572년(선조 5) 훈련원별과(訓鍊院別科)에
응시했으나, 달리던 말이 넘어지며 낙마(落馬)해
왼쪽 다리가 부러지는 부상으로 급제에 실패하고,
무예를 배운 지 10년 만인 32살의 나이에
중간 이하의 성적으로 과거에 급제한 후,
변방을 떠돌다 40세가 넘어 종6품인 정읍현감이 됐지요.
다행히, 징비록(懲毖錄)을 쓴 영의정 서애 유성룡이
공을 장재(將材)로 알아보고 추천해,
종6품 현감에서 정3품인 전라좌수사로 발탁돼,

임진왜란을 승리로 이끌어,

세계 역사상 가장 뛰어난 해군 제독이 된 공!

왜장(倭將) 와키자카 야스하루조차,

"내가 제일로 두려워하는 사람은 이순신이며,

가장 미운 사람도 이순신이며,

가장 좋아하는 사람도 이순신이며,

가장 흠숭(欽崇)하는 사람도 이순신이며,

가장 죽이고 싶은 사람 역시 이순신이며,

차(茶)를 가장 함께 마시고 싶은 사람도

바로 이순신이다."라고 한 공!

옛 오백 원 짜리 지폐에 이순신 장군을 모신 건 좀 섭섭~~.

십만 원 짜리 지폐를 만들어 거기로 모시면 어떨까요?

정녕, 당신께서 우리나라 대통령(국회의원) 님이시라면,

선조 임금 같이 바람 앞의 등불 같은 국가 위급 사태에서

적을 무찌르기 위해 악전고투(惡戰苦鬪),

분골쇄신(粉骨碎身)하는 충무공 이순신 장군을

서울로 불러 볼기를 쳐

국민들을 마음으로 아프게 하고

나라를 위태롭게 하진 않으시겠죠?

1-3. 다산 정약용 선생!

18년간의 긴 유배 생활에서 우리 범인(凡人) 같았으면
한없이 나라를 원망하며 시름의 세월을 보냈을 터이지만,
다산 선생은 원망하고 불평하기는커녕
이순신 장군이 백의종군해 나라와 민족을 구했듯,
외려 조금도 굴하지 않고 고난의 시간을 학문 동지들과 함께
목민심서(牧民心書), 경세유표, 의학서적인 마과회통 등
500여 권의 저술로 실학(實學)을 집대성(集大成)하고
민족과 나라의 정도(正道)를 밝히셨지요.

다산(茶山) 정약용(丁若鏞)!
중농(重農)주의 실학자로 전제 개혁을 주장하며

조선 실학을 집대성하였고,
유교 경전에 대한 새로운 해석을 통해
당대 조선을 지배한 주자학적 세계관에 대한
근본적인 반성을 시도하신 선각자!
진주 목사(牧使)를 지낸 부친에게서 글공부를 시작하였으며,
9세 때 어머니가 돌아가셔서 맏형수와
서모(庶母)의 손에서 어렵게 자라셨네요.

1789년(정조 13년), 대과(大科)에 급제하여 관직에 진출하였고,
규장각에서 정조 임금님의 총애를 받으며 공부를 하셨고,
한강에 배와 뗏목을 잇대어 매고
그 위에 널빤지를 깔아 배다리를 만들어
한강을 땅처럼 건너게 하셨고,
1791년에는 수원 화성(華城) 설계에 참여하여
거중기(도르래)를 만들어 활용한 천재!
승승장구하던 선생께선 주문모 신부(神父) 사건에
연루되어 좌천(左遷)되었다가
병조참지, 좌부승, 곡산부사 등을 지내셨지요. 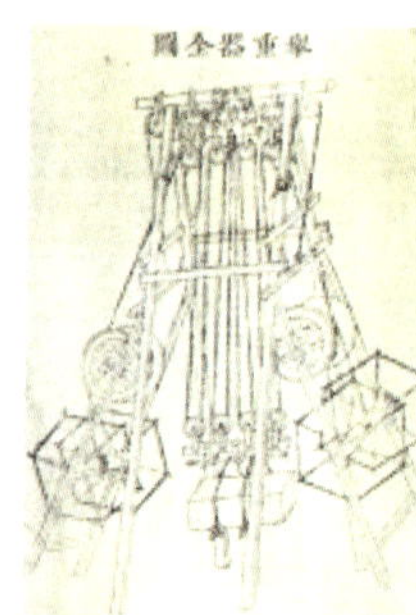
정조 대왕께서는 "사교(邪敎)는 자기자멸할 것이므로,
정학(正學)의 진흥으로 막을 수 있다."라는

천주교 묵인(黙認) 정책을 썼으나, 정조가 승하(昇遐)한 후,
대왕대비 정순왕후 김 씨는 천주교(天主敎)를 탄압하여

신유박해를 일으켜 선생과 둘째 형님 약전은 이미 천주교를 버렸다

하자 유배시키고, 큰 형님 약종은 참수(斬首)했지요.

둘째 형님 약전도 14년간의 흑산도 유배생활 동안

실의에 빠져 망가지시기는커녕

흑산도의 물고기의 생태를 기록한 자산어보(玆山魚譜)라는

명저(名著)를 남겼으니 정말 겨레의 스승이 아닐 수 없지요.

선생께선 1818년 귀양이 풀려 승지(承旨)에 올랐고,

혼인 60주년 회혼일(回婚日) 아침에 별세하셨으니,

선생의 업적만큼이나 아름답고 멋지시네요.

1-4. 백범 김구 선생!

황해도 해주에서 출생.

15세 때 한학자 정문재(鄭文哉)에게서 한학을 배웠고,

1893년 동학(東學)에 입교하여 접주(接主)가 돼,
해주에서 동학농민운동을 지휘하다가
일본군에게 쫓겨 1895년 만주로 피신해 김이언(金利彦)
의병단에 가입했지요.
명성황후(明成皇后) 시해(弑害)의 원수를 갚기 위해
일본군 중위 쓰치다[土田壤亮]를 살해하고
체포되어 사형(死刑)이 확정되었으나,
고종 황제의 특사로 감형돼 복역 중 1898년 탈옥하여
공주 마곡사(麻谷寺)에서 스님이 되었다가
이듬해 환속(還俗)했고,
1903년엔 기독교(基督敎)에 입교하여
종교란 종교 공부는 다 하셨지요.
1909년 황해도 안악의 양산학교 교사로 있으면서
1910년 신민회(新民會)에 참가하고,
1911년 '105인 사건'으로 체포되어 종신형을 선고받고
복역 중 감형으로 출옥하여
김홍량(金鴻亮)의 동산평 농장 농감(農監)이 되어
농촌계몽 활동도 하셨지요.

1919년 3 · 1운동 후 상하이[上海]로 망명,
대한민국 임시정부 조직에 참여해
경무국장 · 내무총장 · 국무령(國務領)을 역임하시고,

1928년 이시영(李始榮) · 이동녕(李東寧) 등과
한국독립당을 조직해 총재가 되셨네요.
이로부터 항일 무력(武力) 활동을 시작하셔
결사단체인 한인애국단을 조직하셨고,
이봉창, 윤봉길을 통해,
1932년 일본왕 저격사건, 상하이 훙커우[虹口]공원에서의
일본왕 생일축하 식장의 폭탄투척사건 등의
의거를 지휘해 일본인들의 가슴을 서늘케 하고,
민족의 기개와 독립 열기를 고조시키셨지요.
1933년 난징[南京]에서 장제스[蔣介石]를 만나
한국인 무관학교 설치와 대(對)일본 전투방책을 협의하고
1935년 한국국민당을 조직하셨으며,
1940년 대한민국임시정부가
충칭[重慶]으로 옮길 때 이를 통솔하셨고,
한국 광복군 총사령부를 설치,
사령관에 지청천(池青天)을 임명하고,
1944년 대한민국 임시정부 주석(主席)에 선임(選任)되셨네요.
1945년 대한민국의 이름으로
대일 선전포고(對日宣戰布告)를 하는 한편,
광복군 낙하산부대를 편성하여 본국 상륙훈련을 실시하다가
8 · 15광복으로 귀국하셨지요.

임시정부가 미군정(美軍政)으로부터
정부로서의 정통성을 인정받지 못하였으므로, 한국독립당 위원장
자격으로서 모스크바 3상회의 성명을 반박하고
신탁통치 반대운동을 주도하셨지요.
대한독립촉성 중앙협의회 부의장, 민주의원 부의장,
민족통일총본부를 이승만(李承晩) · 김규식(金奎植)과
함께 이끌면서 극우파로 활약하시다,
1948년 남한만의 단독 총선거를 실시한다는
국제연합의 결의에 반대하여
통일정부수립을 위한 남북협상을 제창하셨지요.

북한에 가 김일성을 만나 남북 통일을 위한
정치회담을 열려 했었으나 실패하셨고,
그 후 정부수립에 참가하지 않고
중간파의 거두(巨頭)로 있다가,

1949년 6월 26일 경교장(京橋莊)에서
육군 포병 소위 안두희(安斗熙)의 총에 목숨을 잃어
조국의 독립은 보셨으나,
조국의 통일은 못 보시고 세상을 떠나셨지요.
국민장으로 효창공원에 안장(安葬)되셨으며,
저서로는 선생의 자서전적 일대기인

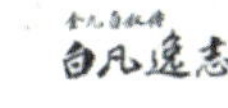

《백범일지(白凡逸志)》가 있고,
1962년 건국훈장 대한민국장을 추서받으셨지요.

선생께선 백범 일지 말미(末尾)에서,
하느님께서 "네 소원이 무엇이냐?"고 물으시면,
나는 서슴지 않고,
"내 소원은 대한 독립이오!"하고 대답할 것이다.
"그 다음 소원은 무엇이냐?"고 또 물으시면,
나는 또 "우리나라 독립이오!"할 것이요,
"또 그 다음 소원은 무엇이냐?"고 세 번째 물음에도
나는 더욱 소리를 높여,
"나의 소원은 우리나라 대한의
완전 자주독립이오!"라고 하겠다 하셨지요.

『세충다백』의 공통점은,
나라의 주인이었던 세종 대왕께선
"나라의 근본은 오로지 백성(民惟邦本)이며,
밥은 백성의 하늘이다(食爲民天)."라며
백성을 하늘 같이,
민생을 치리(治理)의 근본으로 생각하셨으며,

신하(臣下)며 백성이었던

충무공 이순신 장군과
다산 정약용 선생,
백범 김구 선생은
나라가 자신에게 어떠하든 간
원망하거나 실의에 빠지기는커녕
한결같이 희망과 용기로
애오라지 민족과 나라를 사랑하신 거지요.

번뇌 2.

당신께서 우리나라 대통령(국회의원) 님이시라면,

나라를 고치는 큰 의사[大醫師]가 돼 주시겠죠?

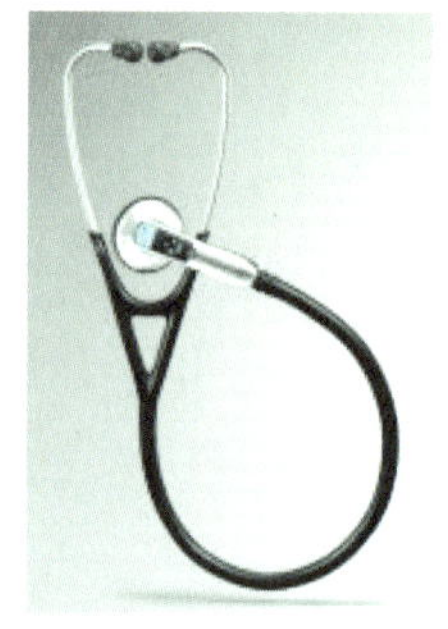

중국 '민주 공화국' 혁명의 아버지로 불리는
의사(醫師)였던 쑨원(孫文, 손문)은,
작은 의사는 병을 고치고(小醫治病),
중간 의사는 사람을 고치고(中醫治人),
큰 의사는 나라를 고친다(大醫治國)고 했다지요?

쑨원은 청나라를 몰아내고
'중국인의 중국을 건설'하는 민족주의,

전제 군주국에서 벗어나 공화국을 세우는 민권(民權)주의,
국민들이 평등하게 복지를 누리며 사는 민생주의의
삼민(三民)주의를 주장했지요.

대통령님, 국회의원님!
당신께서 우리나라 대통령(국회의원) 님이시라면,
우리나라의 '고질병'을 '고칠병'으로 바꿔,
자손만대 단군 할아버지 말씀 따라
홍익인간(弘益人間), 광명이세(光明理世)로
살 수 있게 해 주시겠죠?

번뇌 3.
당신께서 우리나라 대통령(국회의원) 님이시라면,

누구보다 많이 웃어주실 거죠?
이제 우리 국민은 박정희 전 대통령이
시급히 해결하려던 민생고(民生苦)에 시달려,
고개 중 가장 넘기 어려운 고개가
'보릿 고개'라는 시대가 아니고,
눈 뜨면 '오늘 하루 어떻게 하면 굶지 않을까?'하며
끼니를 걱정하던 때도 아니고,

뛰면 빨리 소화돼 배 고프다고 아이들에게 뛰지 말라고
하던 때도 아니잖아요?

이제 우리 국민들은 몸의 배고픔보다는
마음의 배고픔이 더 절실한 때이므로
마음의 배고픔을 해결해 주는
'웃음'과 '진실'이 더 필요하지요.

부처님의 전생(前生)의 이야기를 담은
'잡보장경(雜寶藏經)'에는
돈 들이지 않고도 남에게 베풀 수 있는
'무재칠시(無財七施)', 곧 7개의 보살행위가 있는 데,
그 네 번째가
'다른 사람에게 환하게 웃는 얼굴을
보여주는' 화안시(和顔施)지요.

대통령(국회의원) 님의 웃어주시는
밝은 얼굴만으로도 우리 국민들은 기쁘고,
위안을 얻고 용기를 얻고 행복하지요.
국가의 대사(大事)가 성취돼 돼 파안대소(破顔大笑)하는
'너털 웃음'이면 더할 나위 없지만,
그렇지 않더라도 국민과 기쁨과 슬픔을 함께 하는,

여민동락(與民同樂)의

진진한 미소만으로도 국민들은 행복하지요.

무재7시(無財七施)

① 신시(身施)

몸으로 남에게 봉사하는 것

② 심시(心施)

다른 사람에게 동정심 등 따뜻한 마음을 베푸는 것

③ 안시(眼施)

다른 사람이 평온한 느낌을 받을 수 있는 눈빛

④ 화안시(和顔施)

다른 사람에게 온화한 얼굴 표정을 짓는 것

⑤ 언시(言施)

다른 사람에게 따뜻하고 친절하게 말하는 것

⑥ 상좌시(床座施)

다른 사람에게 자리를 양보해 주는 것

⑦ 방사시(房舍施)

다른 사람이 집에 와서 쉬거나 묵게 하는 것

번뇌 4.

당신께서 우리나라 대통령(국회의원) 님이시라면,

있는 듯 없는 것 같고, 없는 듯 있어
태평성대(太平聖代)를 이룬
순(舜)임금 같은 대통령(국회의원) 님이 돼 주시겠죠?

일출이작 일입이식(日出而作 日入而息)
천정이음 경전이식(鑿井而飮 耕田而食)
제력어아 하유재(帝力於我 何有哉)

해가 뜨면 일하고, 해가 지면 쉬고,
우물 파서 물 마시고, 밭을 갈아 먹고 사는 데,
임금님의 힘이 나에게 무슨 소용이 있겠는가?

이름 모르는 한 백성이 신발로 땅을 치며,
불렀다는 격양가(擊壤歌)의 요순(堯舜) 임금 때처럼
태평시대를 만들어 주실 거죠?

불치이치 무위지치(不治而治 無爲之治)

순(舜) 임금께서 아무 하는 일 없이 자세를 바르게 하고

남쪽만 바라보고 앉아 있어도 나라가 잘 된 것처럼,
백성들이 임금님의 힘이 소용 없다고 격양가를 부른 것처럼,
대통령 님이, 국회의원 님이 누구신지 몰라도
좋은 나라, 잘 사는 나라 만들어 주실 거죠?

번뇌 5.
당신께서 우리나라 대통령(국회의원) 님이시라면,

권력을 잡고, 감투를 써 탐관오리(貪官汚吏)가 되고,
불의한 방법으로 자기 이익만 취해
나라를 좀 먹게 하는 '좀비 정치인'이 아니라,
왕(王)의 자리라 할지라도 세습(世襲)시키지 않은
요순(堯舜) 임금처럼
정말로 똑똑하고 능력 있으며 깨끗한 사람에게 물려주는
선양(禪讓)의 시대를 만들어 주시겠죠?

5-1. 전설 속의 중국의 태평성대!

복희(伏羲), 신농(神農), 황제(黃帝)의 삼황(三皇) 시대!
소호(少昊), 전욱(顓頊), 제곡(帝嚳), 당뇨(唐尧),
우순(虞舜)의 5제(五帝) 시대!
요(堯)임금은 70여 년 동안 나라를 잘 다스려

온 나라에 먹을 것이 가득하게 해
백성들이 배를 두드리며 잘 살게 만들었지요.
그러나 해마다 넘쳐 흐르는 황하(黃河)의
홍수(洪水)를 다스리지 못해,
덕(德)이 많고 그걸 해결할 수 있는 능력을 지녔다는
허유(許由)를 찾아 임금 자리를 선양하려 했지요.
그런데, 선양의 말을 들은 허유는 더러운 말을 들었다며
영수(潁水)에 가서 귀를 씻었고(許由洗耳),
이 말을 들은 허유의 친구 소부(巢父)는 소를 몰고 오다가
허유가 귀를 씻은 더러운 물을 소에게 먹일 수 없다며
소를 상류(上流)로 끌고 올라가 물을 먹였다지요.
♥ 허허허!
오늘날의 권력 아귀(餓鬼) 다툼을 볼 때,
이 얼마나 아름답고 아름다운지고!

5-2. 태종 이방원은 임금이 될 때와 돼서도
많은 피를 흐르게 했지만,
불행 중 다행은 장자(長子)인
양녕에게 왕위를 주지 않고,
셋째인 충녕 세종대왕에게 왕위를 물려 줘,
한글을 창제케 하고 세종 태평성대를 이루게 했지요.

5-3. 그리고, 바라건대 우리의 간절한 염원 대로

북한의 세습(世襲) 정권이 무너져 평화통일이 달성되고,

정치 권력도 패거리 권력이 아니라

진정 국민과 국가를 위하는 사람에게 이어지고,

기업(企業)도 2세, 3세로의 세습이 아니라

전문경영인에게 맡겨지고,

교회도 개척한 아버지가 아들에게로의

세습이 아니라

아깝지만 멋진 후배 목회자에게

선양(禪讓)되면 얼마나 좋을까요?

5-4. 인격 수양서(修養書)이며, 정치서(政治書)인 논어(論語)에는

부재기위(不在其位) 불위소능(不位所能)이란 말이 있지요.

곧 '자리(位)를 얻지 못하면 자신의 뜻이나

능력을 펼 수 없다'는 뜻이지요.

'위(位)'는 자리, 위치, 직책, 권한을 말하지요.

요순(堯舜) 임금처럼, 선덕여왕처럼,

세종대왕처럼, 충무공 이순신 장군처럼

백성을 아끼고, 백성을 섬기려는

마음과 뜻이 없는 사람이 자리를 얻으면

선정(善政)이 아니라 악정(惡政)이 되겠지요?

예기(禮記)의 단궁 하편(檀弓 下篇)에

'가정맹어호(苛政猛於虎)'라 했듯이,
가혹한 정치, 악정은 호랑이보다 무섭지요.
그런데, 자리만 탐하는
탐관오리(貪官汚吏)가 얼마나 많은가요?

패자지정(覇者之政),
이긴 자의 위협[威之]의 정치가 아니고,
강자지정(强者之政),
강한 자의 협박[脅之]의 정치가 아니고,
왕자지정(王者之政),
곧 맹자님의 왕도(王道)정치와 플라톤의 철인(哲人)정치처럼
감화와 화합의 정치[化之]를 하실 분이 자리를 얻어
국민들이 행복해 하는 선정(善政)을 베풀면 얼마나 좋을까요?

5-5. 공자님이 논어를 통해 말씀하신,
은혜를 베풀되 낭비하지 않고(惠而不費),
힘든 일을 시키면서 원망을 사지 않고(勞而不怨),
하고자 하되 탐욕을 내지 않으며(欲而不貪),
태연하되 교만하지 않으며(泰而不驕),
위엄이 있어도 사납지 않는(威而不猛) 분이
자리를 얻어 국민들을 행복하게 하면 얼마나 좋을까요?

5-6. 지혜로운 장수(智將)는 감히 속일 수 없고,

덕장(德將)은 속일 수는 있지만 차마 못 속이고,
맹장(猛將)은 무워서 못 속인다네요.
우리의 대통령(국회의원) 님도
지혜롭고, 덕이 높았으면 좋겠네요.

그래서 예(禮)와 염치로 나라의 기강(紀綱)과
질서를 확립하고 내우외환(內憂外患) 이겨
온 국민이 '하하호호'하며
사는 나라를 만들어 주시겠죠?

5-7. 당신이 우리나라 대통령(국회의원) 님이시라면,

장관과 차관 등 고위공무원, 판검사, 국회의원 등의
'주권재권(主權在官)'이 아니고,
부자(富者)가 권력을 갖는
'주권재부(主權在富)'도 아닌
헌법 대로 국민에게 권력이 있는
'주권재민(主權在民)'의
나라를 만들어 주시겠죠?

번뇌 6.

당신께서 우리나라 대통령(국회의원) 님이시라면,

나라 안팎, 내남 할 것 없이 다 어려운 때라
대통령(국회의원) 님께서도
속이 그리 편치 않으시겠지만
희망의 말을 많이 해 주시겠죠?

6-1. 지금 우리나라 1인당 국민소득은

2만 달러를 넘어 3만 달러에 육박하고,
2020년대엔 4-5만 달러가 될 거라고 하고,
통일이 되면 세계 최고가 될 거라고도 하지요.

박정희 전 대통령이
"잘 살아보세, 잘 살아 보세,
우리도 한 번 잘 살아 보세!"하며
배고픈 국민들에게
희망을 불어넣어 주던 때의
우리나라 1인당 국민소득
67달러와 비교하면 약 500배에 달하지만,
아직도 우리 국민들은 배가 고프지요.
그래서 그 때처럼 "하면 된다!"는

희망과 용기를 북돋워 주는
무재7시의 다섯 번째인
언시(言施)가 필요하지요.

6-2. IMF 이후 오랜 불경기 속에서
사람들은 마음과 몸이 고단하고,
패기(覇氣)와 열정(熱情)으로 넘쳐나야 할
젊은이는 88만원 시대를 거쳐
연애, 결혼, 출산 포기의 3포,
3포+취업, 내 집 마련 포기의 5포,
5포+인간관계, 꿈과 희망 포기의 7포로
절망하고 있지요.
대통령(국회의원) 님!
다시 한 번 온 국민이 함께 마음 모아,
힘모아 뛰고 달리면
잘 될 거라는 희망의 말을 많이 해 주시겠죠?

6-3. 2007년 영국의 리얼리티 TV 프로그램
《리튼스 갓 탤런트》를 통해
휴대전화 판매원에서
일약(一躍) 세계적인 스타가 된
오페라 가수 폴 포츠(Paul Potts)!

꿈을 포기 하는 젊은이가 많다는
한국 대학생들의 편지에
강연료는 물론 무대 장비 대여료와
오케스트라 인건비 모두를 부담하면서
우리나라 젊은이를 위해 희망의 노래를 불러준,
폴 로버트 포츠(Paul Robert Potts)처럼
희망을 말해 주세요.

6-4. 당신께서 우리나라 대통령(국회의원) 님이시라면,
최근 우리 청년들이 가치를 부여할만한 건
뭐든 포기하도록 내 몰린다며
'n포 세대'라는 말을 쓰며,
'헬(hell) 조선', '망한 민국'이라는 말을
감히 입에라도 올리지 않는 나라를 만들어 주시겠죠?

개천에서 '용(龍)'이 날 수 없고,
돈 없고, 백 없는 사람은 어찌할 수 없다는
절망 속에서 용기를 잃고 있는
젊은이들의 끊어진 희망을 되살려 낼 수 있도록
일으켜 세워 주시겠죠?

젊은이들이 '금수저'(부잣집에서 태어난 사람)와
'흙수저' 타령을 하며

의기소침(意氣銷沈)하도록 내버려 두지 않으시겠죠?

6-5. 아무 것도 없는 중에서도

'하면 된다!', '할 수 있다!', '해 보자!'는
신념과 의지로 개척적인 삶을 살던 때와는 달리,
'물려받은 것'이 없으면
성공 못 하거나 살 수 없는
우리나라가 됐다고 좌절하는
우리 젊은이들에게 희망과 용기를 주시고,
그 희망이 실현되게 해 주시겠죠?

번뇌 7.

당신께서 우리나라 대통령(국회의원) 님이시라면,

우리나라를 불가능할 것 같은 꿈이지만 그 꿈이
기어이 실현되는 나라로 만들어 주시겠죠?

흑인 말틴 루터 킹 목사가 미국 사회의
지독한 인종 차별의 총격으로 희생되기 전,
"나에겐 아직도 꿈이 있습니다
(I still have a dream)!"라고 외치면서
실현 불가능할 것 같은 꿈과 희망을

미국 사회에 던졌었지요.

그의 꿈은 '언젠가는 조지아주의 붉은 언덕 위에서
노예들의 후손들과 노예 주인의 후손들이
형제애로 식탁에 함께 앉을 수 있는
(I have a dream that one day
on the red hills of Georgia,
the sons of former slaves
and the sons of former slave
owners will be able to sit down together
at the table of brotherhood.)'
아주 소박하지만 실현 불가능한 꿈이었지요.

그러나, 40년 뒤 1.5 흑인이기는 하지만
버락 오바마가 미국 제43대 대통령이 돼
마침내 초과 달성됐지요.

번뇌 8.

당신께서 우리나라 대통령(국회의원) 님이시라면,

미래에 대한 장밋빛 희망을 갖되,

장밋빛 희망의 실현을 위해서는
고통도 감내해야 한다는
스톡데일 패러독스(stockdale paradox)로,
우리나라의 1,000년 미래를 꾸려 주시겠죠?

스톡데일(Jim Stockdale) 미군(美軍) 장군은
베트남 전쟁에서 포로가 돼,
무려 8년간(1965-1973)을
'하노이 힐턴' 포로 수용소에 갇혀 있었다지요.
국제 규약상 전쟁 포로는 고문(拷問)을
할 수 없음에도 불구하고,
그는 20여 차례의 고문을 받았다지요.
그는 이렇게 처참하고 암담한 상황에서도
반드시 석방돼 돌아가리란
믿음을 버리지 않았다지요.
절망 속에도 희망을,
희망 속에서도 처참한 현실을
동시에 인식 수용하고 냉정하게 대처해
기어코 살아서 귀환해 '스톡데일 패러독스'란
멋진 이론을 만들어냈지요.

그는 수용소 생활이 힘들고

희망이 없다고 생각되면 될수록,
의기소침(意氣銷沈)하지 않고
석방에 대한 희망을 더 굳세게 가졌고,
동시에 현실을 직시하고,
체력을 단련하며,
고문을 견디는 방법도 구안하고,
포로들을 격려하며 고통을 이겨냈다지요.

길고 참혹한 수용소 생활에서
낙관(樂觀)만 가졌던 사람은
그 낙관이 실현되지 않자 상심(傷心)해 죽었지만,
낙관만이 아니라,
최악의 경우를 가정한 냉혹한 현실을
함께 인식하고 대처한 사람들은
살아남았다지요.
당신께서 우리나라 대통령(국회의원) 님이시라면
'스톡데일 패러독스'의 지혜로
호경기 불경기를 가리지 않고,
승승장구(乘勝長驅)하는 우리나라를 만들어주시겠죠?

번뇌 9.

당신께서 우리나라 대통령(국회의원) 님이시라면,

우리 국민들을 칠레의 무너진 광산에서
69일 후 생환하도록 이끈 리더(Leader) 작업반장
우르수아처럼 이 나라를 이끌어 주시겠죠?

2010년 8월 5일, 칠레 북부의 한 광산이 무너져
순식간에 광부 33명이 지하 700m에 갇혀
생사를 알 수도 없었고, 구조도 어려웠지요.

그런데, 15일 만에 뚫어 내려간 드릴(Drill)에
"33명 모두 살아있다."고 쓰여 있는 쪽지가
매달려 올라오면서
구조는 활기를 띠기 시작했지요.
이어서 지름15cm 구멍으로 내려간
비디오 카메라를 향해 손을 흔들며
칠레 국가(國歌)를 부르는 모습이 비쳐지자,
칠레 정부와 국민은 감동했고,
구출에 온힘을 쏟아 69일 만에
33명 모두를 구조했지요.

성인(成人)은 하루 2천 칼로리 이상이 필요하지만,
그들은 하루 100칼로리로 견뎌냈다지요.
이들이 극한상황에서 죽지 않고 살아서 구조된 데는,
자신들의 냉엄한 현실과
동시에 희망을 버리지 않고 최선을 다하는
'스톡데일 패러독스(Stockdale Paradox)'가
적용됐기 때문이라지요.

물론 이 기적의 중심엔,
"내가 맨 마지막에 나가겠다"며,
희생정신과 리더십을 발휘한
작업반장 우르수아가 있었지요.

매몰자 33명 모두는 '자기'를 버리고
'우리'로 똘똘 뭉쳤고,
우르수아의 리더십에 따라
19세-63세의 다양한 연령의 광부들은
칠흑(漆黑)의 밀폐 지하 갱도에서
물과 식량이 부족한 극한상황임에도
규칙적인 생활 속에 역할을 나눠 맡고,
여흥시간까지 갖는 여유의
'스톡데일 패러독스'로 69일 만에 생환했지요.

우리나라도 1995년 삼풍백화점 붕괴 때,
최명석(남, 당시 20세) 씨는 9일 만에,
유지환(여, 당시 18세) 씨는 11일 만에,
박승현(여, 당시 20세) 씨는 17일 만에 구조됐고,
1967년 충남 청양군 구봉광산 붕괴 때,
양창선(당시36세)씨는 매몰 16일 만에 구조된 적이 있었지요.

번뇌 10.

당신께서 우리나라 대통령(국회의원) 님이시라면,

소박한 국민 소원이 성취되게 해 주시겠죠?
인터넷에서 '우리 국민의 소원이 뭘까'를 알아 봤어요.
그랬더니 참으로 소박하고 절실하더군요.
다달이 월세(月貰) 받는 것,
부자 되는 것,
남북통일,
사회 도덕성 회복,
국민소득 공정분배,
대통령에서 거지까지 유무형의 전재산 공개,
소득 비율에 따라 세금 부과,
소득에 따른 건강보험 부과,

우리나라 경제 일본 추월,

태평양에 작은 섬나라와 연방국 설립,

독도와 이어도 고수(固守),

서해 자원 개발,

국방무기 개발 자체 생산,

만주 고토(古土) 회복,

바른 고대사 찾기,

전쟁 안 나는 것 등이었어요.

번뇌 11.

당신께서 우리나라 대통령(국회의원) 님이시라면,

국회의원 등 선거 방식을 제대로 잡아 주시겠죠?

11-1. 지금의 국회의원 지역 소선구제는

지역민들의 갈등을 야기(惹起)하고

사표(死票)를 많이 발생시켜

진정한 국민의 의사가 국정에 반영되지 못하지요.

예를 들어 80 대 20으로 승리했다고 하면

20%는 사표가 되고,

51 : 49의 경우엔 무려 1표 차이로 승패가 결정돼
49%가 사표가 돼 국정에 반영되지 못하지요.

11-2. 그러면 어떻게 하면 좋을까요?

이스라엘은 국토의 대부분이 사막이고,
강대국에 둘러 싸여 항상 전시(戰時) 태세로 살면서도
'작지만 강한 나라'가 된 것엔
여러 가지 요인이 있지만, 국민 의사가
사표 없이 100% 국정에 반영되기 때문이라지요.

예를 들면 이스라엘 국회의원 총수가 100명이라면
각 정당이 지역, 정치, 경제, 외교, 국방,
법조, 교육, 의료, 농업 등의
각 직종(職種)을 대표할 수 있는 사람
100명의 후보자와 정책을 제시하면,
국민들은 후보와 정책을 보고 투표하고,
그 결과 60%를 득표한 정당은
순위명부에 따라 60명을 당선시키고,
다른 후보와 정당을 찍은 40%의 표는
또 그 정당 순위 명부대로
40명의 국회의원을 당선시키는 선거제도로
1표의 사표도 없어 국민의사가

오롯이 국정에 반영되므로
자연스럽게 국민총화단결이 이뤄지고,
그렇게 해 뽑힌 국회의원은
우리나라의 천차만별의 국회의원의
질(質)과는 비교할 수 없는 만큼의
높은 수준의 국회의원으로
국가 발전에 크게 이바지할 것은
불을 보듯 뻔하겠지요?

이렇게 인물과 정책 대결을 하는
선거 방법 어때요?

11-3. 지역 대표성과 지역 의견은

이미 우리가 지방자치를 20년째 하고 있으니까,
지방 자치를 활용해
지자체장과 지방의원이 해당 사안(事案)을
국회 해당 상위임에 제출 및 건의해
해결하거나 법안으로 성립시키면 되겠지요.

11-4. 지역 문제와 지역 대표성은 지방의회에 맡기고,

국회는 상원(上院) 기능으로
정치, 경제, 외교, 국방, 법조, 교육, 의료, 농업 등의

각 직종(職種)을 대표하는 사람으로
이스라엘 방식으로 국회를 구성하면,
각계 각층의 의사가 국정에 반영되고
전문성도 높일 수 있어 좋지 않을까요?

11-5. 우리도 이스라엘 같은 국회의원
선거제도를 채택한다면,
지금처럼 국회의원 공천(公薦)이
'돈 공천', '패거리 공천'이 되지 않아
'돈 선거'로 인한 부정부패가 사라지고,
낙하산 공천, 낙하산 인사가
사라져 공정한 사회가 되지 않을까요?

11-6. 또 지금의 국회의원 선거는
예를 들어 마포구 인구가 약 50만이고,
그 중 유권자가 약 30만 명쯤 된다면,
국회의원(장관급 상당)보다
하위급인 구청장(대체로 1급 상당)은
유권자 30만 명 모두를 대상으로
표를 얻어야 하지만,
국회의원은 선거구가 갑과 을 2개 이므로
그 반인 약 15만 명을 대상으로 표를

얻으면 되는 불합리한 점이 있지요.

11-7. 지금 우리 같은 선거제엔 문제가 또 있어요.

시도 교육감 17명 가운데 절반인 8명이
선거법 위반과 비리로 수사와 재판을 받고,
나머지 교육감도 감사원의 감사를 받는 등
교육감 직선제는 부정과 비리의 온상이지요.

11-7-1.OECD 국가의 80%는 교육감을 임명하는 데,

우리나라는 교육감 직선제를 선택해
교육은 정치적 중립(中立)임에도 불구하고,
현실은 직선제로 교육감 후보들이
특정 세력의 지원을 받은 등
정치화, 이념화로 얼룩지고
당선 후 실험적인 설익은 정책의 도입과
논공행상으로 교육계를 혼란에 빠뜨리지요.
교육감은 정당과 아무런 관련이 없음에도
1, 2번 후보가 유력(有力) 정당 후보인 줄 알고
찍는 로또, 깜깜이 선거가 됐지요.

전국 800만 학생, 40만 교원을 이끄는
교육 수장(首長)을 이런 어처구니 없는 방식으로

뽑다보니 교육계가 정치판이 되고,

사표(師表)가 돼야 할 교육감이

불법과 비리로 음독(飮毒) 자살을 시도하고,

재판을 받고 감옥에 들락거리는 모습을

언제까지 어린 초등학생들에게 보여야 하나요?

11-7-2. 또 교육감 선거는 선거 구역이

서울, 광역시, 각 시도의 전체로 커

선거비도 40억 넘게 들어

'돈 선거'를 치른 교육감들이

빚을 갚기 위해 비리를 저지르고,

선거 때 자기를 도운 측근들을

편법 승진시키는 행태가 잇따라 드러나,

교육감 직선제 자체가

부정부패의 온상(溫床)이 됐고,

선거 과정에서도

후보 매수, 부정 및 탈법 선거로

전국에서 많은 교육감이 구속돼

모범적이어야 교육계가 모범이기는커녕

외려 정치 선거보다 더 혼탁하고 타락돼

신성한 교육의 권위를 실추시켜

교육을 망치는 가장 큰 원인이 됐지요.

11-7-3. 그리고 같은 날 같은 시간에 치루는
시도지사 선거의 투표율은 40%가 넘는 데,
교육감 선거는 14% 밖에 안 돼 대표성도 없고,
선거로 뽑힌 교육감은
시 · 도지사와 상하관계가 아니라고 생각하고,
예산(豫算)을 주는 시 · 도지사와 다투기까지 하는
정말 어처구니 없는 일도 벌어지지요.

11-7-4. 이젠 대통령이 교육부장관을 임명하듯,
옛날처럼 지방 대통령인 시 · 도지사가
교육감을 임명해 교육이 제자리를 찾고
일반행정과 교육행정의 일원화로 무한 국제경쟁 시대에
행정의 효율화를 높이면 좋지 않을까요?

번뇌 12.

당신께서 우리나라 대통령(국회의원) 님이시라면,

오픈 프라이머리(완전국민경선제)를 통해
정당(政黨)과 국회 문을 활짝 열고,
새 술을 새 부대에 담듯 유능하고 참신한
인물이 지속적으로 등용되도록 해 주시겠죠?

충무공 이순신 장군은 육군(陸軍) 출신이지만,
수군(水軍)에서 성공했지요.
이렇듯 천재적이며 참신하며 진정 유능한
인재들이 등용될 수 있도록 해 주시겠죠?

12-1. 거의 무학(無學)에 가까운
금속 노동자 출신
룰라 대통령이 브라질을 살렸듯이,
조선소 노동자 출신
바웬사 대통령이 폴란드를 구했듯이
빈부귀천(貧富貴賤)을 막론하고 참신하고
유능한 인재가 능력을 발휘할 수 있게 해 주시겠죠?

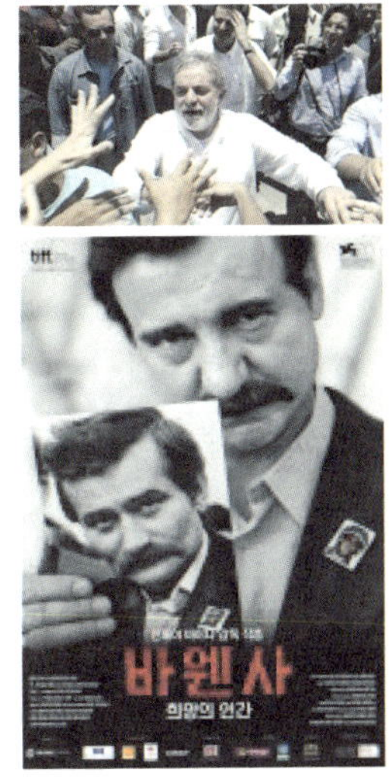

12-2. 우리나라 19대 국회의원을 분석해 보면,
영남(嶺南) 출생(生)으로 SKY대 출신 법조인으로
20억 이상의 재산을 가진 사람이 가장 많다네요.
이렇게 특정 지역, 명문대, 특정 직업,
상당한 재산을 가진 사람이라야
국회의원이 될 수 있다면,
그거야말로 어떻게 문턱이
낮은 나라라고 할 수 있을까요?

국민들이 가장 바라는 국회의원은

40대, 여성, 시민단체 출신자라네요.

번뇌 13.

당신께서 우리나라 대통령(국회의원) 님이시라면,

우리나라 CEO들이 교훈으로 삼는
고사성어(故事成語)를 함께 새겨 보시며,
그들과 소통해 최고의 나라를 만들어 주시겠죠?

① 줄탁동시(啐啄同時) : 협동

② 거두절미(去頭截尾) : 불필요 제거

③ 교토삼굴(狡兎三窟) : 위험 대비

④ 전화위복(轉禍爲福) : 역경을 기회로

⑤ 초지일관(初志一貫) : 처음부터 끝까지 한결 같이.

⑥ 전대미문(前代未聞) : 새로운 전략

⑦ 삼고초려(三顧草廬) : 인재발굴

그리고, 그칠 데를 알아 그치고(知止止止),
족함을 알아 욕 되지 않고(知足不辱),
반듯해도 남을 해치지 않고(方而不割),
청렴하되 남에게 상처 입히지 않으며(廉而不劌),

곧아도 교만치 않고(直而不肆),

너그럽되 느슨하지 않고(寬而不慢),

청렴하되 상처주지 않고(廉而不劌),

빛나도 번쩍거리지(光而不耀) 않으시겠죠?

번뇌 14.

당신께서 우리나라 대통령(국회의원) 님이시라면,

비록 얼음덩이 땅이었지만, '나비 효과'의 혜안(慧眼)으로

미국 시워드 국무장관이 러시아로부터 알래스카를

샀듯 당신께서도 사시겠죠?

나비 효과(butterfly effect)

Chaos 이론의 토대인 나비효과.

미국의 에드워드 로렌츠 MIT공과대 교수의 이론.

아주 작은 변화 하나가

엄청난 결과의 차이를 빚어낼 수 있다는 이론.

브라질에서 나비 한 마리가 일으킨 날개짓이

대기 흐름을 변화시켜
텍사스주에서 토네이도를 발생하는 결과로
이어질 수 있다는 혜안(慧眼).

14-1. 19세기 알래스카는 러시아 땅이었지요.

그런데, 현재는 미국 땅이지요.
알래스카는 미국 본토의 5분의 1로
미국의 50개 주 중 가장 큰 주로
인구는 65만 명에 불과하지만,
우리나라의 크기와 비교하면 남북한 전체의 7배,
남한의 15배 정도 되는 아주 큰 땅이지요.
옛날 알래스카는 얼음덩어리에 불과하다고 봤지요.
그러나 현재 알래스카는 금, 석유, 우라늄 등
천연자원이 풍부할 뿐 더러
미국의 전략적 요충지(要衝地)지요.

그런 알래스카는 러시아(구 소련) 땅이었지요.
이 알래스카를 1867년, 지금으로부터
150여 년 전 미국은 전 러시아(구 소련)로부터
720만 달러(우리나라 돈 약 72억)에 사들였지요.

그러니 1에이커(약 1,200평)를 사탕 값도 안 되는
2센트 꼴로 산 셈이지요.

지금 우리나라엔 빌딩 한 채의 값도
72억 원을 넘는 게 얼마나 많고 많나요?

미국이 이 알래스카를 러시아로부터 사려고 할 때,
미국의 여론은 매우 부정적이었지요.
그 얼음덩어리를 사서 뭐하겠느냐는 것이었기 때문이지요.
그런데, 그 때의 국무장관(우리나라의 국무총리)이었던,
윌리엄 시워드란 사람은
"눈과 얼음에 쌓인 알래스카가 아니라
그 안에 감춰져 있는 무한한 자원(資源)을 봐야 하며,
우리 세대가 아니라 다음 세대를 위해
그 땅을 사야한다."고 주장하며
상원의원 한 명 한 명을 찾아다니며 설득해,
겨우 1표 차로 반대 의견을 이기고
알래스카 매입을 성사시켰다지요.

그러자, 많은 사람들은 시워드가
쓸모 없는 땅을 샀다고 비아냥거렸다지요.
미국 역사상 '가장 어리석은 일을 한 사람은

바로 시워드(Seward' folly!)'라고 했고,
알래스카를 '시워드의 얼음 상자'라고
비판하며 놀렸다지요.

그런가 하면, 러시아는 쓸모없는 땅을
미국에 비싼 값에 잘 팔았다고 흡족해 하며,
알래스카 판매 협상단에게
성공 사례(보너스)를 지급했다지요.

그런데, 긴 시간도 아니었지요.
30년이 지나가자,
알래스카에서는 금, 우라늄이 발견돼
알래스카는 미국의 자원창고가 됐고,
20세기 들어서 발견된 석유는 캐나다를
통과하는 송유관(送油管)을 타고
미국 본토로 공급돼 돈으로
그 값을 환산할 수 없으며,
빙하(氷河) 밑에는 러시아를 겨냥한
핵잠수함을 배치해 전략적 요충지가 됐으며,
앵커리지는 세계 최단거리 항공요지가 됐지요.

우리도 이젠 사소한 것을 갖고 사사건건 싸우지 말고,

국가의 미래를 내다보고 '통 크게' 놀아보자고요.

14-2. 이이 율곡 선생님은 일본의 침략에 대비해
군사 10만병을 길러야 한다고 했지만,
받아들여지지 않아 우리는 7년 임진왜란으로
백성과 나라가 피폐해졌었지요.
서울대 공대(工大) 교수들님들이 율곡 선생님처럼
'메이드 인 코리아'의 위기를 경고하는 책을 펴냈지요,
우리는 지금 기술이 앞선 선진국과
우리를 급속히 추격하는
중국 사이에서 위기를 맞고 있으므로
이제는 모방 개량 단계를 넘어
기술을 개발해야 한다고요.
우리나라에서 제일 긴 인천대교의
핵심 기술은 일본 · 영국 거라지요.
세계 메모리 반도체 시장의 70%를 점유했지만,
비(非)메모리 분야는 10%도 안 된다는 거고요.
세계 반도체 60%의 소비를 바탕으로
중국 국유 기업 칭화유니가 11조원을 투자해
직접 메모리 반도체 공장을 짓겠다고
나서는 등 우리는 위기를 맞고 있다지요.

이런 점을 빨리 인식하고 극복하지 못하면
선진국을 따라잡기는커녕
얼마 가지 않아 중국에 추월당할 것이라고요.
우리와 중국의 기술 격차는 작년 1.4년으로
2010년의 2.5년보다 1년 넘게 좁혀졌다지요.
서울대 교수들의 걱정은
선진국들이 100년 넘게 걸려 개발한 기술을
중국은 10년 만에 따라잡았으며,
해양 플랜트 · 자동차 · 휴대전화 등에서는
어쩜 이미 세계 최초 기술력을 가졌다지요.

이제 우리도 미국 · 독일 · 일본 등
기존 제조업 강국들처럼
스마트폰, 무인차, 전기차, 3D 프린터 등의
'첨단(尖端)' 기술' 개발에 집중해
고부가가치 제품의 개발 및 생산에
적극 나서야 한다는 것이지요.
이런 것들이 하루 아침에 되는 것이 아니므로

당신께서 대통령(국회의원) 님이시라면,
지금부터라도 이런 고부가가치 산업에
연구와 투자가 집중되도록 앞장 서 주시겠죠?

번뇌 15.

당신께서 우리나라 대통령(국회의원) 님이시라면,

박정희 전 대통령처럼

"100억불 수출, 1,000불 소득" 같은

어젠다로 국가 목표를 제시해,

국민들이 희망과 목표를 갖게 하고,

목표의 성취를 위해 앞장 서 뚜벅뚜벅 나가시겠죠?

15-1. 1980년대 중국의 덩샤오핑(鄧小平) 주석은,

'빛을 감추고 때를 기다린다'는 도광양회(韜光養晦)를

국가목표로 정하고 미국의 실력과 패권을 인정하고

조용히 실력을 키웠지요.

1990년대 장쩌민(江澤民) 주석은,

도광양회로 기른 힘을 바탕으로,

'해야할 일은 한다'는 유소작위(有所作爲)로

국제문제에 개입하기 시작했고,

2000년대 후진타오(胡錦濤) 주석은,

'안전한 이웃, 평화로운 이웃 그리고 부유한 이웃'의

이른바 삼린(三隣)정책으로 화평굴기(和平崛起)를,

2010년대 시진핑(習近平) 주석은,

'기세등등하게 호통치며 상대방을 윽박지른다'는

돌돌핍인(咄咄逼人)으로까지 도약하면서,
'내가 주가 되어 일을 도모하라'는
주동작위(主動作爲)로 올해(2015년) 상반기
미국과 일본을 제외한
우리나라를 비롯한 유럽과 아태 지역 주요 국가들을
대거 참여시킨 아시아인프라투자은행(AIIB)을 만들었고,
9월 3일엔 항일과 반파시스트 전쟁에서 승리한
전승(戰勝) 70주년 기념식에서 최대 규모의 열병식을 통해
군사대국의 이미지를 국제 사회에 각인시켰지요.

15-2. 선덕여왕은 9개 복속이란

새로운 국가 목표를 제시하고
그 어젠다의 실현을 위해 폐출당한 진지왕의
손자 김춘추와 가야계 출신 김유신 등
사회적 비주류를
과감하게 중용해 삼국통일의 초석을 놓았지요.

15-3. 당신께서 대통령(국회의원) 님이시라면,

인무원려(人無遠慮)!
사람이 멀리는 내다보는 근심을 하지 않으면,
필유근우(必有近憂)!
반드시 가까운 데 근심이 생긴다는 말처럼

원려와 근우를 함께 해

튼튼한 나라를 만드시겠죠?

난세(亂世)에는 원려는 없고, 근우만 넘친다네요.

서로가 이익을 위한 아귀다툼에 눈이 멀어

이전투구(泥田鬪狗)에 여념이 없다지요.

원려(遠慮)가 없는 개인과 나라는 망할 수 밖에 없지요.

그래서 원려로 대비하면 환난(患難)은 없게 되는,

유비무환(有備無患)이지요.

그러나, 근우(近憂)도 잊어서는 안 되겠지요.

그러면 우리의 원려(遠慮)와 근우(近憂)는 무엇일까요?

★ **원려**(遠慮, 국가 목표)

- 지속적인 경제 발전으로
  1인당 국민 소득 5만 달러 달성,
- 남북 관계 개선 및 통일로
  세계 최강 국가 건설,
- 화학 연료 이후 대비,
- 건강하고 건전한 자주 복지국가의 건설,
- 세계 행복지수 1위국 등등.

★ **근우**(近憂, 국가 현안)

- 경제난 해결,
- 부패척결,
- 단결화합,
- 법치의 확립 등등

번뇌 16.

당신께서 우리나라 대통령(국회의원) 님이시라면,

1960년대 아프리카 가나와 우리나라의 국민소득은
똑같이 80달러였었는 데,
40년 동안 가나는 10배 밖에 성장 못해
아직도 빈곤 국가지만,
우리나라는 200배 성장해 세계 10대 무역국이 된 건,
다름 아닌 '문화(Culture Matters)'가
그 원동력인 데,
그게 바로 **우리 국민의** 향상심(向上心)이었다고
하버드대 사무엘 헌팅톤 교수가 말했지요.

당신께서 우리나라 대통령(국회의원) 님이시라면,

우리 국민의 이 향상심을
지속적으로 북돋워주시겠죠?

이 향상심(向上心)을 박정희 전 대통령 말로 하면,
"하면 된다, 할 수 있다. 해 보자!"의
성취의욕이겠지요.

번뇌 17.
당신께서 우리나라 대통령(국회의원) 님이시라면,

1997년 IMF 구제 금융 이후 장기불황에 허덕이는
우리 경제에 활력을 불어넣으시고,
다시 한 번 '잘살아 보세, 잘 살아보세!'하며
국민들이 열심히 일하며
신바람 나게 살 수 있는 나라를 만들어 주시겠죠?

번뇌 18.
당신께서 우리나라 대통령(국회의원) 님이시라면,

남북 통일을 이루시겠지요?

그러기 위해 서독이 동독(東獨)과의 통일을 위해
서독 브란트 수상이 동방(東方)정책으로
통일을 위해 엄청난 준비를 했듯,
우리도 착실히 준비하고,
통일을 이룬 콜 슈미트 수상이
동독 출신인 메르켈을 길러
현재의 독일 수상을 만들었듯,
인재를 키우고, 탕평책(蕩平策)으로
인재를 두루 등용(登用)하시겠죠?

번뇌 19.

당신께서 우리나라 대통령(국회의원) 님이시라면,

통일을 이루고,
DMZ(비무장 지대)의 지뢰를 걷어내고
분단 70년의 의도하지 않았던 부산물(副産物)인
DMZ의 울창한 숲과
생명이 소생하고, 화사찬란한 봄 풍경과
많은 체험 활동을 할 수 있는 여름,
풍성한 오곡백과와 아름다운 단풍이 있는 가을,
눈이 없는 나라 사람들에게

눈을 보여 줄 수 있는 겨울 등의
4계절의 변화와 자연환경을 활용해
세계 최고의 사파리 공원으로 만들어
어마어마한 관광 수입을 올려 복지(福祉)
대한민국의 자금으로 쓰시겠죠?

북한과 함께 하면 더욱 좋겠지만,
북한이 협조하지 않는다면
먼저 우리 DMZ 쪽만 해
잘 되는 것을 보여 주면
금강산 관광과 개성 공단 잿밥 맛을 본
북한이 가만히 있을까요?

사막의 신화를 만든 두바이를 본다면
우리가 뭘 못할까요?

번뇌 20.
당신께서 우리나라 대통령(국회의원) 님이시라면,

통일을 이루고,
우리의 기차(汽車)가 사람과 물건을 싣고

북한, 중국을 거쳐 시베리아를
횡단해 유럽까지 가는
신 실크로드로 우리나라를
세계 최고의 교통 요로(要路)로 만드시겠죠?

그래서, 기어이 일본의 사람과 물류도
우리나라의 신 실크로드를
거치지 않을 수 없게 만들어
우리나라가 세계의 중심이 되게 하시겠죠?

번뇌 21.

당신께서 우리나라 대통령(국회의원) 님이시라면,

길이, 넓이, 물의 양, 활용 가치면에서
세계 최고의 강인 한강을
세계 최고의 수상 공원으로 개발해
어마어마한 관광 수입을 올려
이 또한 복지(福祉)
대한민국의 자금(資金)으로 쓰시겠죠?

우리의 건설 기술이면 충분하므로

한강 일부분을 유리로 덮어 사람들이 물속과
그 속의 물고기들은 들여다 볼 수 있으며,
그 위에 롯데 월드나 디즈니랜드 같은 어마어마한
복합 문화 위락시설을 짓고,
요트와 수상 스키를 타고,
수상 데크를 놓아 수륙(水陸) 양용(兩用) 버스가 다니고,
세계에서 오는 고속 페리가 운행되는
세계 최고의 수상공원(水上公園)으로 만들어
국부(國富)를 창조하실 거죠?

당신께서 우리나라 대통령(국회의원) 님이시라면

PART 02

"새"자 붙은 말이 새롭지 않으니…

Se / chung / da / baek

세충다백

번뇌 22.

당신께서 우리나라 대통령(국회의원) 님이시라면,

스위스, 싱가포르, 홍콩, 대만,
베네룩스 3국(벨기에, 네덜란드, 룩셈부르크)처럼
땅덩어리는 작지만,
국력(國力)은 작지 않고,
국민들이 잘 사는 강소국(强小國)을 만드는 데,
앞장 서 주시겠죠?

번뇌 23.

당신께서 우리나라 대통령(국회의원) 님이시라면,

강소국(强小國)을 건설해
자주 국방을 이룩하고,
북한을 포용하며,
거대한 중국과 간계(奸計)한 일본 사이에서
조금도 쫄지 않고, 어깨를 나란히 하며,
다시는 나라를 잃거나 큰 나라들한테
설움을 당하지 않게 하시겠죠?

일본 사람 **일**일어나니,

소련에 **속**지 말고,

미국을 **믿**지 말고,

중국의 **중**심을 바로 보고,

대대한 사람 **대**대한으로

길이 보전하자!

번뇌 24.

당신께서 우리나라 대통령(국회의원) 님이시라면,

엄연한 우리나라 땅 독도(獨島)를,

다케시마(Takeshima, 竹島)라고 부르며

자기네 땅이라고 어깃장을 쓰는 일본에게,

그들이 주장하는 센카쿠(尖閣) 열도(列島)를

전 국민이 중국명으로 다오위다위(釣魚島)라고 부르게 해

일본의 못된 버르장머리를 고쳐 주시겠죠?

중국과 일본의 영유권 분쟁.

그리고, 당신께서 우리나라 대통령(국회의원) 님이시라면,

아무리 아베 신조(安倍晋三) 일본 수상이

안보 관련 11개 법안의 국회 통과로

'집단자위권 제한 해제' 및 '자위대 활동 범위를

전 세계로 확장'시키고,

향후 헌법(憲法) 개정을 통해

'전쟁할 수 있는 나라'로 만들려고 기를 쓰지만,

패전국(敗戰國)임을 분명하고 확실히 알려줘

다시는 세계 평화를 위협하거나

깨지 못하게 하시겠죠?

번뇌 25.

당신께서 우리나라 대통령(국회의원) 님이시라면,

그리스 철학자 제논이

"사람에게 귀가 2개 있고,

입이 1개 있는 것은

많이 듣고,

적게 말하라!"는

뜻이라고 말했듯이

국민들의 말을 많이 들어주시겠죠?

번뇌 26.

당신께서 우리나라 대통령(국회의원) 님이시라면,

내부 고발의 활성화를 통해 부패를 척결하고
투명한 나라를 만들어 강하고
살기 좋은 대한민국을 만들어 주시겠죠?

사교육 강사가 이 잡듯이 내용을 완전 정복해
어떤 출제자가 어떤 문제를 내든 다 맞추도록
지도하는 특 A급 학원강사처럼
국민들의 크고 작은 아픔과 바람을
살갑게 알뜰히 보듬어 주시겠죠?

번뇌 27.

당신께서 우리나라 대통령(국회의원) 님이시라면,

여당(與黨)과 야당(野黨)이
지금처럼 무한 대립 · 갈등하고
반대를 위한 반대만을 하지 않고,
청와대에서 여야(與野) 지도자가
다정하게 함께 둘러 앉아

오찬(午餐)과 만찬(晩餐)을 같이 하며,

막걸리나 와인도 한 잔씩 나누며

화기애애한 분위기에서,

국민을 위해 조근조근 대화하고,

정책을 숙의(熟議)하는

아름다운 모습을 보여줄 뿐만 아니라

국민들이 생각도 못했던

국리민복(國利民福)의 정책의 개발 및 실천으로

국민의 존경과 신뢰를 받으며

국민에게 기쁨을 선물해 주시겠죠?

번뇌 28.

당신께서 우리나라 대통령(국회의원) 님이시라면,

아기가 울기 전에 젖을 주는 어머니처럼 살갑고

꼼꼼하게 국민들의 생활을 살펴

국민의 가려운 데를 긁어주고,

아픈 데를 치료해 주지는 못할망정

입법 및 해결자로서의 본분을 망각하고

시위(示威) 현장에 나가

시위대와 함께 머리띠를 두르며,

주먹을 흔들지는 않으시겠죠?

번뇌 29.

당신께서 우리나라 대통령(국회의원) 님이시라면,

혼자만의 독선(獨善)으로 나라를 운영하지 않고,
티베트인들의 관세음보살 화신(化身)으로
절대적 믿음의 대상이자
정치적 결정권을 갖는 통치권자인
달라이 라마가 어려울 때,
'내퉁'이란 티벳의 신관(神官)의 자문을 구하듯,
각계각층의 원로(元老)와 전문가들에게
두루 자문(諮問)을 구하시겠죠?

지식인(知識人)의 의견도,
시장 상인(商人)의 의견도,
택시 기사의 의견도,
촌부(村夫)의 의견도,
어부(漁夫)의 의견도
두루 들어 국정에 반영해
국민들에게 짜증과 스트레스를 주는 것이 아니라

"우리 대통령 최고야, 우리 국회의원 최고야!"하며

칭찬과 열화(熱火)와 같은 지지와 성원을 받으며,

여민동락(與民同樂)하는

대통령과 국회의원이 돼 주시겠죠?

그래서 천심(天心)인 민심(民心)을 얻어,

'사람이 많이 모이면 하늘도 이긴다.'는

'인중승천(人衆勝天)', 의 순리(順理)로 나라를 이끌어

국민들이 평화와 안정 속에서

즐겁고 행복하게 살게 해 주시겠죠?

번뇌 30.

당신께서 우리나라 대통령(국회의원) 님이시라면,

권력을 가진 자는 늘

'높이 올라간 용(龍)에게는 후회가 있다.'는 '

항룡유회(亢龍有悔)'를 생각하며,

겸손히 국민을 섬겨, 베네룩스 3국의

국회의원들이 지나가면

국민들이 손을 흔들어 반기며

존경과 성원을 표시하는

나라를 만들어 주시겠죠?

번뇌 31.

당신께서 우리나라 대통령(국회의원) 님이시라면,

진정한 개혁과 혁신을 이루어
'새 정치', '새 나라'를 바라는
국민들의 여망(輿望)에 부응해
국민들을 신명나게 해 주시겠죠?

31-1. 얼마 있지 않은 2016년 4월 13일엔

제 20대 국회의원 총선거가 있지요?
국민들은 '새 것'을 바라지요.
그래서 정치인들도 국민들의
'새 것'에 대한 요구에 부응하려고
나름 애를 쓰고 있지요.

31-2. 오래 전부터 새롭게 잘하겠다고

신민당, 신한당, 신한민주당, 신민주공화당, 신민주연합,
신한국당, 새정치 국민회의, 새천년 민주당 등
정당명에 '새 신(新)'자나 새롭다는 '새'란 글자를 붙였지요.
현재의 여야(與野)의 당명(黨名)에도

공히 '새'가 붙어 '새누리당', '새정치민주연합'이지요.

그런데, 국민들은 '새'란 글자만 붙었지,
조선인민민주공화국이라는 북한에 '민주' 없고,
달나라에 '계수나무' 없고,
붕어빵에 '붕어' 없듯이,
정당마다 '새'자를 썼지만 '새 것'이 없다고 생각하며
국민들은 날이 가면 갈수록
더욱 '새 것'에 목말라 하고 있지요.

31-3. 진정한 '새 것'은, 눈만 뜨면 싸우는 게 아니라
국리민복(國利民福)을 이뤄 국민의 풍요롭고
안전한 삶을 위해 분골쇄신 노력하는 일일 테고,
언제나 공정 · 투명한 경쟁을 통해
국민의 뜻이 실현되는 사회일 테고,
이 땅에 목숨을 부여 받고 태어나면
사람답게 살 수 있는 나라를 만드는 일일 테고,
'인(人)의 장벽'으로 끼리끼리 패거리, 돈 공천으로
끼리끼리 좋은 자리를 차지하는 게 아니라
국가와 국민을 위해 봉사하고픈 사람이라면
누구나에게 문호(門戶)가 열려 있는 나라겠지요?

35-4. 이런 '진정한 새 정치'가 된다면,

우리나라는 '새 부대에 새 술'을 담듯 수혈(輸血)이 돼,
선진국들이 2~300년에 걸쳐 이룬 산업화를
10분의 1 밖에 되지 않는 30년에
이룩한 국민 저력(底力)으로
세계에서 제일 잘 사는 나라,
행복한 나라가 될 게 분명할 거예요.

번뇌 32.

당신께서 우리나라 대통령(국회의원) 님이시라면,

반대를 위한 반대를 하지 않고
국가의 이익과 국가의 미래를 위한
'통 큰 정치'를 하시겠죠?

1970년대 박정희 대통령이
경부고속도로를 건설하려 할 때,
훗날 대통령이 된 야당 지도자들은 다 반대했었지요.
그러고선 그분들이 대통령이 돼서는
고속도로를 만들었지요.
우습지요?

반대자들은 포항제철, FTA, 새만금, 방폐장 건설,
인천공항, 시화호, 고속철도 같은
국책사업을 다 반대했지만,
이런 국책사업들이
이젠 우리나라를 발전시키는
원동력이 된 것을 교훈 삼아
다시는 단시안(短視眼)적인
이런 우(愚)를 범치 않는 혜안(慧眼)을 가지시겠지요?

번뇌 33.

당신께서 우리나라 대통령(국회의원) 님이시라면,

정치적 보복(報服)을 하지 않을 뿐만 아니라,
공과(功過)를 따지지 않고,
전임자(前任者)가 한 것은
잘한 것도 무조건 못했다고 깎아내리진 않겠지요?

과거의 잘못은 역사(歷史)의 평가에 맡겨 두고,
니 편 내 편 가르지 말고
이젠 화합과 단결로 힘차게 미래로 가요.

번뇌 34.

당신께서 우리나라 대통령(국회의원) 님이시라면,

전관예우(前官禮遇),
유전무죄(有錢無罪),
유권무죄(有權無罪)의 나라를 만들지 않으시겠죠?

죄 없는 춘향이 수청(守廳)들지
않았다고 하옥(下獄)시키듯,
돈 없고 힘 없다 해 무죄(無罪)가 유죄(有罪)가 되고,
힘 있고 돈 있다 해 유죄가 무죄가 돼
국민들이 가슴 치며 통곡(痛哭)하고
억울해 하는 나라는 만들지 않으시겠죠?

아무리 힘 없고 돈 없고 백(Back ground) 없다 하더라도
법정(法庭)에서만은 사필귀정(事必歸正)이 돼
정의(正義)가 폭포수(瀑布水)처럼
흐르는 나라를 만들어 주시겠죠?

번뇌 35.

당신께서 우리나라 대통령(국회의원) 님이시라면,

부정, 몰상식한 판사들이 재판관으로 있어
국민들에게 시름은 안겨 주도록 하지 않으시겠죠?

죄 없으면 종국엔 이긴다고 믿는 사회,
사필귀정(事必歸正)의 사회를 만들어 주시겠죠?

35-1. 미국처럼 돈 없고 힘 없지만,

죄 지은 게 없으면, 법정(法庭)에서는 이긴다는
신념을 갖고 살 수 있는 나라,
그런 사람들의 최후 보루(堡壘)가 되는
판사가 있는 나라를 만들어주셔서
국민의 가슴에 응어리가
생기지 않도록 해 주시겠죠?

35-2. 전관예우(前官禮遇)로

무죄(無罪)가 유죄(有罪)가 되거나
큰 죄가 가벼워지고,
가벼운 죄가 무거워지거나,
유전무죄(有錢無罪)가 되고,

무전유죄(無錢有罪)가 된다면
국민들은 얼마나 억울하고
가슴에 한(恨)이 맺힐까요?

35-3. 현직(現職) 변호사마저 힘이 없어
수임(受任) 사건이 18전 18패했다고
절규(絶叫)하면서 책을 내는 우리나라라면
그보다 더 힘 없는 일반 국민들이야 오죽할까요?

35-4. '석궁 테러'를 내용으로 한 영화 '부러진 화살'을
왜 그리 많은 사람이 관람했으며,
그 영화를 보고 속이 시원했을까요?

이 영화의 소재가 된 판사는 현직 판사 신분으로,
현직 대통령을 '가카새끼 짬뽕'이라고 했다지요.
판사님이 임명권자인 대통령에게
'가카새끼 짬뽕'이라고 하면,
국민들은 '판사새끼 짬뽕'이라고 할 밖에요.

그 판사님은 이웃과의
층간 소음(騷音)으로 다툰 후,
위층 집 자동차 타이어를 펑크 냈고,

자동차 열쇠 구멍에 껌을 넣었다지요.

35-5. 그런가 하면, 성추행 판검사,
음란 행위 검사장, 진영(陣營) 판사,
샤넬 백 판사, 사채왕 판사를 어쩌면 좋아요?

대통령님, 국회의원님!
우리도 우릴 도와주지는 않더라도
공정한 경찰, 검찰과
정의로운 판사님을 갖고 싶어요!

번뇌 36.

당신께서 우리나라 대통령(국회의원) 님이시라면,

장원(壯元) 급제한 이몽룡을
암행어사로 보내,
"암행어사 출두요!"로 억울하게
감옥살이 하고 있는 춘향이를 구해 내듯,
공정한 법의 집행으로 국민들의
속이 후련 · 시원한 나라를 만들어 주시겠죠?

번뇌 37.

당신께서 우리나라 대통령(국회의원) 님이시라면,

남이(南怡) 장군처럼, 정암(靜庵) 조광조처럼
훌륭한 사람들이 나라를 위해 일하지 못하고
억울하게 죽게 하거나 실력을 발휘하지
못하도록 하지 않으시겠죠?

37-1. 남이(南怡) 장군

白頭山石 磨刀盡(백두산석 마도진)
豆滿江水 飮馬無(두만강수 음마무)
男兒二十 未平國(남아이십 미평국)
後世誰稱 大丈夫(후세수칭 대장부)

백두산의 돌은 칼을 갈아 없애고
두만강 물은 말에게 먹어 없애고
남아 스물 살에 나라를 평안하게 하지 못한다면
후세에 누가 대장부라 말하랴?

남이(南怡, 1441~1468) 장군은
태종의 외손자로 조선 초 대학자인 권근의 손자요,
권제의 아들로 훗날 세조 옹립(擁立)의 공으로
좌의정에 오르는 공신(功臣) 권람(權擥)의 사위였지요.

남이 장군은 어려서부터 총명 용감해
17세에 무과(武科)에 장원급제했고,
27세에 이시애의 난을 평정하고
1등 공신에 책봉되었으며, 세조 13년인
28세엔 지금의 국방부 장관격인 병조판서가 되었지만,
유자광이 남이 장군을 시기해
남이 장군이 지은 위의 시(詩)의
'남아이십미평국'의 '평(平)'을,
'남아이십미득국'의 '득(得)'으로 바꿔
역적(逆賊)으로 몰아
몇 달 뒤 형장의 이슬로 사라지게 했지요.

37-2. 정암(靜庵) 조광조(趙光朝)

조선 중종 때 사람으로 김굉필에게 사사했으며,
사림(士林)의 지지를 바탕으로 도학(道學) 정치의
실현을 위해 적극적 활동했지요.
글 솜씨만으로 인재를 뽑는 과거보다는
실력과 사람 됨됨이로 인재를 뽑는
현량과(賢良科)로 사림 28명을 선발했으며,
중종을 왕위에 오르게 한 공신들 중
공이 없는 사람들의 위훈삭제 등
개혁정치를 단행했지요.

그러나 정암과 사림파의 과격한 언행과 정책에
염증(厭症)을 느낀 중종의 지지를 업은 훈구파가
나뭇잎에 설탕물로
'주초위왕(走肖爲王)'이라고 써 놓자,
벌레가 당분(糖分)이 있는 이 부분을 파 먹어
'주초위왕(走肖爲王)'이란 글자가 생기자,
'조광조가 왕이 될 것'이라고 정암을
역적(逆賊)으로 몰아 죽였지요.

번뇌 38.

당신께서 우리나라 대통령(국회의원) 님이시라면,

이런 개척 정신을 국민에게
심어주고 실천하도록 노력하시겠지요?

38-1. 네덜란드는 유럽 북서부에 위치하고 있는
작은 입헌군주국이지만 잘 사는 나라지요.
서쪽과 북쪽이 북해와 접하며,
면적은 4만㎢ 조금 넘고,
인구는 약 1,700만 명 정도지요.
땅과 인구 모두 우리 남한의 반(半)이 안 되지요.

게다가 국토의 4분의 1이
해수면(海水面)보다 낮은 나라지요.
이런 악조건의 네덜란드지만,
1인당 국민소득은 우리의 2배에
달하는 5만 달러에 가깝지요.
그들은 해수면보다 낮은
국토의 악조건을 극복하기 위해
간척(干拓)사업을 하고,
농지개량사업을 활발히 해
외려 낙농과 원예업을 크게 발달시켰지요.

그리고, 나라 덩치는 작지만,
북대서양조약기구(NATO)와
유럽경제공동체(EC)의 창립국이 됐고,
제2차 세계대전 후엔 중공업화를 추진하여
석유화학 · 금속 · 철강 · 수송 · 조선 · 식품가공업 등을
발달시켜 선진국을 만들었지요.

또 네덜란드는 유럽의 대국에 밀리고 막히자
바다로 나가 식민지를 개척하며,
넓은 세상과 무역(貿易)을 해
하멜이 우리나라까지 왔었잖아요?

38-2. 땅이 많이 필요한 공장 건설보다는

그렇지 않은 금융업을 키웠고,

풍력 터빈으로 공기(空氣)에서

일 평균 7000ℓ의 물을 뽑아 내고,

국적, 인종, 종교, 성적 취향을 불문하고

세계 최고의 인재들을 유치해

국가를 발전시켜 북유럽의 잘 사는

3나라 '베네룩스 3국'의 한 나라가 됐잖아요?

이렇게 네덜란드는 악조건에

순응하지 않고 적극적으로 대처해,

불가능한 문제를 가능한 문제로 바꿔

자유롭고 부강한 나라를 만들었지요.

38-3. 카타르는 화학 연료인 석유(石油)

이후 시대를 대비해 천연가스를 개발하고,

피카소 등 세계 거장(巨匠)들의

명화(名畵)를 매집해

수도(首都) '도하'를 명화(名畵)의 도시로 만들고

전세계 이슬람 유물 · 예술품을 수집해

16억 무슬림의 '예술 순례' 관광국을 만겠다는

야심(野心)으로 악조건과 미래를 대비하고 있다지요.

카타르는 또 월드컵 경기를 유치할 때,
경쟁국과 IOC가 카타르는 너무 더워서
월드컵 경기를 개최할 수 없다고 하자,
모든 축구 경기장에 에어컨(Air-conditioner)을
설치하겠다며 월드컵을 유치했지요.

38-4. 사우디아라비아도

97조 원을 투입해 대규모 산업도시를 짓고
123조 원을 투자해 태양에너지발전도 지으며,
사막에서 물이 부족하지 않는 나라를 만드는 등
악조건을 이기고
국가의 미래를 개척하고 있지요.

번뇌 39.

당신께서 우리나라 대통령(국회의원) 님이시라면,

우리나라도 이스라엘과 같은
창업(創業)국가가 되도록 해 주시겠죠?

우리나라 교육도 이스라엘처럼 생각하게 하고,
질문(質問)하게 하는 창의성 교육에

더 집중하게 해 주실 거고요?
이스라엘은 우리나라 10분의 1 정도로
강원도만 한 작은 나라지만,
64개 회사가 미국 나스닥(Nasdaq)에 상장돼
미국을 제외하면 그 어떤 나라보다
상장 비율이 높다네요.
이스라엘의 '탈피오트(Talpiot)', '8200'와 같은
엘리트 군부대에 근무하는 것은
하버드대 경영대학원을 다니는 것보다
외려 낫다고 하네요.
우리나라도 이스라엘처럼
토론이 존중되고 탈권위적이며
창의력과 창업이 존중받는
진취적인 사회가 될 수 없을까요?

39-1. 그리고 벤처기업을 키우고,
기업주(Owner)와 경영자가
이익을 독식(獨食)하거나
번 것을 곶감 빼 먹듯
나눠 먹기에만 급급하지 말고
기업과 국가의 미래를 위해 연구개발(R&D)에
많은 투자를 하는 나라로 만들어 주시겠죠?

한 걸음 더 나가 기업 이윤의 몇 %는
연구개발(R&D)에 투자하고
기업 이윤의 몇 %는
사회에 기부해야 한다는 법을 만들면 어떨까요?

39-2. 한미약품이 선진국인 프랑스의

연 매출 42조원의 세계적인 사노피 사에
5조 원의 당뇨 치료 신약 기술을
수출하게 된 것은 대단한 거지요.
매일 인슐린 주사를 맞아야 하는 당뇨 환자가
1달에 1번 주사 맞으면 되는 신약 기술을
개발해 수출까지 하게 된 것은
한미 약품이 매출액 20%를
R&D에 투자한 결과라지요.

이 글을 쓰는 동안 한미약품은
자체 개발하고 있는 옥신토모듈린
기반의 당뇨와 비만 치료 바이오 신약
'HM12525A'를 글로벌 제약회사인
얀센에 총액 약 1조 605억원에 수출하고
로열티도 받기로 했다고 공시했네요.

5조 원은 우리나라 제약업계 연 매출액이
15조 원인 것에 견줘보면
대단한 거 잖아요?

번뇌 40.

당신께서 우리나라 대통령(국회의원) 님이시라면,

과학기술자가 자부심을 갖고 연구에 매진(邁進)해
그 결과로 부국강병(富國强兵)을 이룰 수 있도록
적극 지원해 주시겠죠?

칩(Chip)을 내장한 약물 전달기를
피부 아래에 이식(移植)해
인체 외부에서 원격조절을 통해
인체 내부에서 약물을 방출하고
작동 상황을 파악하고 조절하는 기술을 개발한
MIT 공대 로버트 랭어(Robert Langer) 교수!
세계에서 논문 인용 횟수가 가장 많은 공학자!

"내가 개발한 기술로 20억 명이 혜택받지요,
이것이 내가 과학자가 된 이유"라고 말하는

로버트 랭어 교수처럼
우리나라의 과학기술자도 이런 자부심을 갖고
연구에 임하도록 격려해 주시겠죠?
랭어 교수는 단백질인 혈관 생성 억제 물질은
분자 크기가 커 고분자 물질 안에 넣기 어렵다는
1970년대의 과학 상식을
30년 연구 끝에 깬 후,
"사람들이 상식이라고 생각하는 것을 깰 때,
새로운 발명이 가능하다."고 했지요.

우리나라도 이제 최고의 두뇌들이
법대(法大)에 가 남이 번 것을 얻으려 하지 않고,
과학기술 쪽으로 진출해
랭어 교수처럼 1명이 10만, 100만 명을
먹여 살릴 수 있으면 얼마나 좋을까요?

PART 03

여성이 안심하고 나다닐 수 있는 나라

Se / chung / da / baek

세충다백

번뇌 41.

당신께서 우리나라 대통령(국회의원) 님이시라면,

네이버의 이해진(32세),
다음의 이재웅(27세),
엔씨소프트 김택진(30세),
넥슨의 김정수(26세),
카카오 톡의 김범수(35세),
8조 1500억을 다루는
다음 카카오의 CEO 임지훈(35세) 같은
청년 창업자가 많이 나와
우리나라의 젊은이가
미국의 빌 게이츠, 저커버그,
스티브 잡스처럼 되게 해 주시겠죠?

번뇌 42.

당신께서 우리나라 대통령(국회의원) 님이시라면,

미국 500대 기업의 41%를
이민자들이 세웠듯이
우리나라도

국가, 인종을 가리지 말고

인재를 널리 등용(登用)해

우리나라를 세계인들이 부러워하는

기회(機會)의 나라로 만들어 주시겠죠?

애플, 구글, GE, 보잉, 맥도날드, 코카콜라,

코스트코, 씨티 그룹 등은

이민자 또는 이민자의 자녀가 설립했다고 하네요.

러시아 모스크바 출신 세르게이 브린이

대학 동창 래리 페이지와 함께 설립한

구글(Google)은

현재 전 세계 검색 엔진 시장을

거의 석권(席卷)할 뿐만 아니라

인공지능(AI), 무인자동차, 생명과학, 드론 배달,

유튜브 등의 사업으로 무한 확장해 가고 있지요.

번뇌 43.

당신께서 우리나라 대통령(국회의원) 님이시라면,

비록 대통령, 장관, 국회의원, 권력자라 하더라도

법을 어겼으면, 구속되고, 벌금을 내는,
정의가 한강물처럼 도도하게 흐르는 나라를 만들어
국민들의 가슴을 시원하게 해 주시겠죠?

43-1. 6·25 한국 전쟁 참전 용사로,
미국 10선 하원의원인 80세의 찰스 랭글 의원이
이민법 개정 촉구 시위대에 섞여 있다가
폴리스 선(Police line)을 넘었다고
경찰이 체포해 손을 뒤로 묶고
연행해 가는 모습은
우리의 가슴은 시원함을 넘어 서늘하게까지 했지요.
미국의 이런 법치(法治)가
우리나라에도 실현되게 해 주시겠죠?

2013년 10월 워싱턴 국회의사당 앞에서 이민법 개정 촉구 시위를 벌이던 찰스 랭글(왼쪽에서 셋째) 하원 의원이 경찰에 연행되고 있다. 랭글 의원 말고도 하원 의원 7명이 더 연행됐다.

43-2. 처칠 수상이 탄 차가 속도위반으로 걸리자,

운전 기사는 뒷 좌석을 가리키며,

"수상(首相) 각하입니다.

급히 의회로 가야 해 과속을 했으니

너그럽게 봐 주시오."라고 했다지요.

그러자, 경찰은,

"무슨 농담을 그렇게 하세요?

처칠 수상님과 닮긴 했지만,

수상 각하의 차가 그럴 리 없지요."하면서

범칙금(犯則金) 딱지를 발급했다지요.

뒷 좌석에서 이걸 본 처칠 수상은

범칙금 딱지를 받으면서도,

법과 원칙에 따라 근무하는 경찰관이

대견하게 여겨졌다지요.

처칠 수상은 의회가 끝난 후,

경찰청장에게 전화를 걸어

그 교통경찰관을 일계급 특진시키라고 했다지요.

경찰청장은 "각하! 죄송하지만 그건 곤란합니다.

우리 경찰 규정엔 그런 경찰관을 특진시키라는

규정이 없습니다.

그는 자신의 임무를 다했을 뿐입니다."라고

했다지 뭐예요.

그 말은 들은 처칠 수상은

"젠장 오늘은 경찰한테 2번이나 당했군!"이라고

했다나 뭐라나요?

43-3. 대만(臺灣) 법원은

천수이벤(陣水扁) 전직 총통(總統)과 그 부인에게

무기 징역과 벌금, 평생 공민권 박탈을 선고했었지요.

대만 법원의 이런 선고에 시민과 언론은

"군형법상 반란죄도, 형법상 내란죄도,

민간인을 학살도 사건도 아닌

순수한 부패사건에 무기징역이라니……."라며,

외려 어리둥절했다지요.

우리도 지위 고하를 막론하고 부패엔

이런 엄벌(嚴罰)로 일벌백계(一罰百戒)해

One strike out 했으면 싶네요.

번뇌 44.

당신께서 우리나라 대통령(국회의원) 님이시라면,

버스 중앙차로제가
대중교통의 원활한 소통으로
국민 불편을 해결하고,
대중교통 환승제가
국민 생활이익을 창출했듯,
2층 도로를 만들든, 지하차도를 만들든
도로(道路)의 병목 현상을 없애 주셔서
경부고속도로로 부산에서 서울까지
신나게 4시간 달려 왔는 데,
서울 진입에 2시간이 소요돼,
짜증이 날 뿐만 아니라 엄청난
시간과 에너지 낭비를 없애 주시겠죠?

남해(南海)에 해저 터널을 만든
우리 기술이라면, 이런 병목 현상의 해결은
결코 어려운 일이 아니지 않나요?

번뇌 45.

당신께서 우리나라 대통령(국회의원) 님이시라면,

이미 세계적인 우리 의료 기술과 수준,
세계 최고로 잘 된 우리나라
건강보험제를 바탕으로
세계 최고 의료 선진국을 만들어
세계의 불치, 난치병 환자들과
예뻐지기를 원하는 성형 수술 희망자들이
치료와 성형을 위해 우르르 몰려오게 할 뿐만 아니라
세계로 의료 기술을 수출을 하게 해 주시겠죠?

번뇌 46.

당신께서 우리나라 대통령(국회의원) 님이시라면,

불법, 탈법에 의해 마구 새는
국가 재정의 낭비와 허비를 막고,
국가재정의 투명성과 효용성을 높여 주시겠죠?

번뇌 47.

당신께서 우리나라 대통령(국회의원) 님이시라면,

우리나라 강에 물이 그득 흐르고 있는 한
가뭄으로 하늘만 쳐다보지 않게 해 주시고,
홍수(洪水)와 가뭄으로 국민들이 어렵지 않게
치산치수(治山治水)를 잘 해 주시겠죠?

47-1. 이스라엘 정부는 유적 · 유물 못지않게

물을 소중하게 생각해,
물이 곧 '국가 안보'라고 생각하고 있다네요.
그도 그럴 것이 물이 없으면
인간의 삶이 유지될 수 없으니까요.
이스라엘은 국토 대부분이 사막이다 보니
'유전(油田)은 빼앗기더라도
수원(水源)은 사수(死守)해야 한다',
'물 한 방울이 석유 한 통보다 더 귀하다'라고
생각한다네요. 이스라엘은 1948년 건국부터
아랍 국가들과 생존을 위한
전쟁을 치르는 동시에
'물과의 전쟁'도 벌였다지요.
이스라엘은 사막(沙漠) 국가여서

늘 물이 부족한 데,
수원(水源)인 북부의 갈릴리호수와
중부의 요르단 강마저
적국(敵國)인 요르단과 겹쳐
이용에 어려움이 컸다지요.
그래서 오아시스(Oasis)의 물을
최대한 활용하고,
바닷물 1000ℓ를 20분 만에
800원 가량의 비용으로
식수(食水)로 만드는 기술을 개발해
물 부족 문제를 해결했지요.

47-2. 이런 예는 이스라엘 뿐만 아니라
사우디아라비아도 물 부족 사막 국가를
물이 부족하지 않는 나라를 만들었지요.
우리나라의 평년 강수량은 1,200㎜로
이스라엘 같은 사막 국가의 400㎜ 정도와
세계 평균 880㎜보다 많지요.
이러함에도 불구하고 가뭄을 걱정하는
우리나라와 더 열악한 조건에서도
가뭄은커녕 물 걱정을 하지 않는 나라와
비교하면 우리가 어떻게 해야 하는 지
답은 금방 나오지 않나요?

번뇌 48.

당신께서 우리나라 대통령(국회의원) 님이시라면,

문화를 창달(暢達)시켜 지금보다
한류(韓流)가 더 세계화되고,
중국의 삼국지(三國志)나 일본의 대망(大望) 같은
국민을 통합시키고 국민 자존감을 드높이는
작품들이 쏟아져 나오도록 격려해 주시겠죠?

번뇌 49.

당신께서 우리나라 대통령(국회의원) 님이시라면,

바쁜 국정에도 불구하고 가끔은 거리를 거닐며,
국민들의 실제 생활을 돌아보며
만나는 소시민들과
거리 공연도 함께 보시고,
떡볶이도 사 드시면서
애환(哀歡)을 같이 해 주시겠죠?

번뇌 50.

당신께서 우리나라 대통령(국회의원) 님이시라면,

민주주의의 가장 핵심인 다수결(多數決)에 의해
국가와 사회가 운영되면서
소수(小數) 의견이 배려 존중되고,
약자(弱子)가 보호 받고,
가난한 사람이 불편하고 무시당하지 않고,
더불어 함께 잘 사는 나라를 만들어 주시겠죠?

번뇌 51.

당신께서 우리나라 대통령(국회의원) 님이시라면,

선진국으로 이민(移民)을 가고
싶어 하던 시대를 끝내고,
이젠 우리나라가 더 살기 좋아 이민 갔던 사람이
다시 조국으로 돌아오는
역이민(逆移民) 국가로 만들어 주시겠죠?

이런 조짐은 이미 늘어나기만 하던
조기 유학생의 감소가 입증하고 있지요.

번뇌 52.

당신께서 우리나라 대통령(국회의원) 님이시라면,

세계 최초로 원조(援助) 받는 나라에서
원조하는 나라가 되고,
세계 제일 국가라는 미국도 안 되는
전국민 건강(의료)보험이 되는 나라,
국민 스스로의 보안 의식으로
야간 통행 금지가 없어도
범죄율이 낮고 치안에 문제가 없는 나라,
뚜렷한 4계절의 행복을 누리며 살 수 있는
우리나라 대한민국에
국민 모두 자부심과 애국심을 갖는
나라로 만들어 주시겠죠?

번뇌 53.

당신께서 우리나라 대통령(국회의원) 님이시라면,

편 갈라 무한(無限) 대립해 싸우지 않고,
떼법이 통하지 않고,
법이 공정하지 않게 적용되는 것을

정의라고 생각하지 않고,
정론(正論)이 아닌 언론이 득세(得勢)하는
나라는 만들지 않으시겠죠?

번뇌 54.

당신께서 우리나라 대통령(국회의원) 님이시라면,

군군신신(君君臣臣) 부부자자(父父子子)처럼,
임금님은 임금답고, 신하는 신하답고,
아버지는 아버지답고, 자식은 자식다운 사회,
곧 자신의 책임을 다하고 염치(廉恥)를 알아
각자가 자신의 삶을 아름답고 멋지게 가꾸며
사람답게 사는 나라를 만들어 주시겠죠?

번뇌 55.

당신께서 우리나라 대통령(국회의원) 님이시라면,

여성이 안심하고 나다닐 수 있도록
안전한 나라를 만들어 주시겠죠?

번뇌 56.

당신께서 우리나라 대통령(국회의원) 님이시라면,

내가 여자였을 때는 군(軍) 가산점(加算點)을
줘서는 안 된다고 주장해
나라를 위해 헌신한 사람들을 슬프게 만들고,
자신은 그런 사람들 덕분에
양지(陽地)로만 다니며 잘 살다가,

훗날 두 아들의 어머니가 돼서는
왜 군 가산점을 주지 않느냐고 앙앙(怏怏)하는
무개념 시민의식의 사람과

며느리가 집안일을 내팽개치고
계 모임, 동창회 참석 같은 일에
열정을 쏟으며 놀러 다니면,
며느리가 잘 못 들어와 집안을 망치는 거고,

시집 간 딸이 그렇게 하면
시집 잘 간 거라고 생각하고 자랑하는,
얌통머리 없는 사고방식이
통하지 않는 나라를 만들어
나라를 만들어 주시겠죠?

번뇌 57.

당신께서 우리나라 대통령(국회의원) 님이시라면,

대기업은 껌, 과자, 통닭, 빵장사 같은
소소한 것에서 손을 빼고 큰 거를 하고,
그런 자질구레한 건 '까치밥'처럼 남겨
중소기업과 자영업자들이 하도록 배려하는
상생(相生)의 나라를 만들어 주시겠죠?

우리 조상님들은
까치를 위해 까치밥으로 홍시 감 몇 개를 남겨 뒀고,
가난하고 어려운 사람들을 위해 추수할 때,
곡식을 알뜰히 다 베거나 거두지 않아,
가난하고 어려운 사람들이 이삭을 주워
먹고 살도록 이삭줍는 것을 막지 않았지요.

구약 성경의 레위기 2장 14절에도
"너희가 너희의 땅에서 곡식을 거둘 때에
너는 밭모퉁이까지 다 거두지 말고
네 떨어진 이삭도 줍지 말라."라고 해,
야훼께서도 가난하고
어려운 사람을 배려토록 하셨지요.

그래서 안마(按摩) 같은 직종은
맹인(盲人)들이 할 수 있는 유일(唯一)한 일이므로
이를 맹인에게 준다해 직업선택의
자유를 제한하는 것이 아니라는
헌법재판소의 판결은
우리 사회를 흐뭇하고 훈훈하게 해 줬지요.

헌재는 2003년엔 합헌, 2006년엔
"안마업을 시각장애인들에게만 허용하는 것이
직업 선택의 자유권을 침해할 수 있다." 고
위헌 판결했다가,
맹인(盲人)들의 강력한 반발을 바탕으로
2008년엔 다시 합헌으로 판결했지요.

헌재는 의료법 82조 1항이 규정하고 있는
시각장애인 안마독점권은
시각장애인에게 가해진
유무형(有無形)의 사회적 차별을 보상해 주고,
실질적인 평등을 이룰 수 있는 수단으로,
비시각장애인의 직업선택 자유를 과도하게
침해한다고 보기 어렵다고 판결해
헌재는 우리 사회의 따뜻함을 확인해 줬지요.

번뇌 58.

당신께서 우리나라 대통령(국회의원) 님이시라면,

재산(財産)은 근로와 생산을 통해 늘리고,
집은 재산을 늘리는 방법과 투기(投機)의 대상이 아니라
생활과 안식(安息)의 거주(居住)의
대상이 되게 해 주시겠죠?

당신께서 우리나라 대통령(국회의원) 님이시라면,
사각 통나무를 세워 놓은 것 같이
똑같거나 비슷한 아파트만이 아니라
다양한 모양의, 다양한 기능의 아파트가 건립돼
우리나라의 주거(住居) 문화를 바꾸고
주거 문화 자체가 세계의 관광 거리가 되는
디자인 한국을 건설하시겠죠?

번뇌 59.

당신께서 우리나라 대통령(국회의원) 님이시라면,

우리나라 대통령이 미국 대통령의 대통령보다
학력(學力)이 우수한 만큼
그보다 더 훌륭한 업적을 이뤄주시겠죠?

59-1. 우리나라 대통령의 학력을 보면,

이승만 초대 대통령은 미국 프린스턴대 박사,
윤보선 대통령은 영국 에딘버러대,
박정희 대통령은 대학 버금인 만주 육사,
최규하 대통령은 도쿄대,
전두환, 노태우 대통령은 사관학교,
김영삼 대통령은 서울대,
김대중 대통령은 목포상고,
노무현 부산상고를 나왔지만 사법시험에 합격했고,
이명박 대통령은 고려대,
박근혜 대통령은 서강대를 졸업하고
영국 유학을 다녀왔지요.

59-2. 현 버락 오바마 44대 미국 대통령까지

미국 대통령 43명의 학력을 따져 보면,
미국 제일 대학교이면서 세계 제일 대학이라는
하버드 대 출신이
단연 제일 많은 거라고 생각하지만 그렇지 않네요.

그럼 미국 대통령은 어느 대학 출신이 제일 많을까요?

놀랍게도 '무학(無學)'이 제일 많네요.

조지 워싱턴, 앤드루 잭슨, 마틴 밴 뷰런,
재커리 테일러, 밀러드 필모어, 에이브라함 링컨,
앤드루 존슨, 클로버 클리블랜드, 해리 트루먼 등
무려 9명이 무학(無學) 내지 독학자(獨學者)여서
무학자가 가장 많고,
그 다음이 하버드대 7명, 사관학교 3명,
윌리엄 앤드 메리대학 2명, 예일대 2명
그리곤 20여 개 대학 출신이 1명씩이네요.

게다가 무학자(無學者)인 클로버 클리브랜드 미국 대통령은
22대, 24대에 걸쳐 2번 대통령을 했고요.
미국의 존경 받는 위대한 대통령으로 '큰 바위 얼굴'에 새겨진
조지 워싱턴, 토마스 제퍼슨, 아브라함 링컨, 시어도어 루스벨트
4명의 대통령 중, 2명이 무학자인 게 놀랍지 않나요?

59-3. 그러니 이젠 우리도 대통령도,

국회의원도, 회사의 직원(職員)도
학력(學歷)보다 학력(學力)과 실력(實力)으로 뽑아요.

그러면, 무학자들이 미국 대통령이 돼
미국을 초강대국으로 성장시키는 데 문제가 됐을까요?
그렇지 않았다네요.

외려 무학자인 조지 워싱톤이나 에이브러함 링컨을
능가할 만한 대졸(大卒) 출신 대통령이 없고,
위 9명의 무학 대통령은 다 훌륭한 업적을
남긴 대통령이니까요.

59-4. 어려운 집안형편 때문에 대학은 고사하고

학교 근처에도 못 가본
7대 앤드루 존슨 대통령에게는
다음과 같은 일화(逸話)가 있다네요.
그가 대통령에 출마했을 때, 상대 후보인,
2대 존 애덤스 대통령의 아들로
하버드대에서 법학을 전공한 변호사이며
현직 대통령인 존 퀸스 애덤스가
"무학(無學)의 존슨을 대통령으로 뽑는다면,
미국의 수치(羞恥)"라고 몰아붙였었다지요.
그러자 존슨은, "그렇습니다!
저는 가난해서 학교를 다니지 못했습니다.
하지만 저는 예수가 학교를 다녔다는 이야기도
들어보지 못했습니다."라고 당당히 대응해
무학이지만 대통령에 당선됐다지요.
그러니, 학력만으로 본다면 우리 모두는
미국의 대통령이 될 자격이 넘치고 넘치네요.

당신께서
우리나라
대통령(국회의원)
님이시라면

PART 04

용서와 화해 그리고 전진

Se/chung/da/baek

세충다백

번뇌 60.

당신께서 우리나라 대통령(국회의원) 님이시라면,

미국 대통령보다 더 훌륭한 대통령이 돼 주시겠죠?

60-1. **조지 워싱톤**은 무학자(無學者)였지만
독립운동의 공로(功勞)로
만장일치(滿場一致)로 미국 초대 대통령에 당선돼
미국 건국의 아버지로 추앙(推仰)될 정도로
대통령의 임무를 잘 수행했으나,
재선(再選)을 거부했다지요.
그러나 국민들의 강력한 재선 요구에 재선을 하고,
3선(종신제 대통령)도 요구했지만,
그는 퇴임식조차 마다하고 고별사만
신문에 발표하고 고향으로 돌아갔지요.

3대 **토마스 제퍼슨**은
문학적 재능이 우수해 독립선언문을 기초했고,

5대 **제임스 먼로**와 6대 **존 퀸시 애덤스**는
먼로 독트린을 만들었고,

7대 **앤드루 잭슨**은 무학(無學)자로

자수성가한 대통령으로

보통사람을 대변한 최초의 대통령이며,

16대 **에이브러함 링컨** 대통령은

인간애를 실현하는 남북 전쟁의 승리를 통해

노예제도를 철폐하고,

재선 대통령으로 재임 중 암살(暗殺)로 세상을 떠났지요.

25대 **윌리엄 매킨리** 대통령은

스페인전쟁을 통해

방대한 해외영토를 확보해

미국의 번영을 주도했고,

26대 **시어도어 루스벨트** 대통령은

의용 기마대를 조직하여

스페인전쟁을 치른 국민적 영웅으로

42세로 최연소 대통령이 됐고,

28대 **우드로 윌슨** 대통령은

뛰어난 웅변력을 갖춘 교수 출신으로

민족자결주의 주창해

우리나라 3 · 1운동에도 영향을 미치게 했고,
32대 **프랭클린 D.루스벨트** 대통령은
중년에 닥친 소아마비를
의지력으로 극복하고,
미국의 위기였던 대공황(大恐慌)을
외려 전기(轉機)로 삼아
미국을 세계 최강국으로 올려놓아
대통령을 4번 연임(連任)했지요.

33대 **해리 S.트루먼** 대통령은
냉전시대에 미국 대통령이 돼
미국의 국제적 위상을 높이는 데 공헌하면서,
우리나라의 남한 단독정부 수립을 지원하고,

1950년 6 · 25 한국전쟁에 참전했지요.
37대 **리처드 M.닉슨** 대통령은
베트남전쟁을 종식시키고,
공산 중국과 국교를 수립했지요.

39대 **지미 카터** 대통령은
소박한 열정과 도덕성으로
세계에 신선한 기운을 일으켰으며,

42대 **빌 클린턴** 대통령은
여성 스캔들이 있긴 하지만,
정치적 · 경제적으로
성공한 대통령이라고 평가되고 있지요.

60-2. 현 44대 오마바 대통령은

1961년생으로 하와이 호놀룰루에서
케냐 출신 유학생인 흑인 아버지와
백인 어머니 사이에서 태어났지요.
두 살이 되던 해 부모가 결별했고,
인도네시아인과 재혼한 어머니와 함께
6~10세 동안 인도네시아에서 살았지요.
이후 컬럼비아대와 하버드대 로스쿨을 졸업하고
인권변호사와 시카고대 로스쿨 교수로 활동하다,
1996년 일리노이주 상원의원에 당선됐고,
2005년 연방 상원위원에 선출되면서
중앙정치에 등장했지요.

이후 2008년 6월 힐러리 클린턴을 제치고
미국 민주당 공식 후보로 확정되었고,
공화당 존 매케인(John McCain) 후보를
누르고 당선돼, 2009년 1월 20일

제44대 미국 대통령으로 취임하였지요.

이로써 오바마는 233년 미국 역사상
첫 흑인 대통령이 돼,
1964년 말틴 루터 킹 목사의
불가능한 꿈 같았던
'I have dream!"을 실현시켰지요.
오바마 대통령은
핵무기 없는 세상이라는 이상을 제시하며,
핵 군축을 위해 노력하는 한편,
교착상태에 빠진 중동평화회담 재개,
이슬람 세계와의 화해,
전 지구적 기후변화 대응 등을 추구했지요.

오바마 대통령은 다자(多者) 외교와
핵 군축 및 위기대처로
2009년 노벨평화상을 수상했지요.
이로써 오바마 대통령은
1906년 시어도어 루스벨트 전 대통령과
1919년 우드로 윌슨 전 대통령에
이어 세 번째로 미국 현직 대통령으로서
노벨평화상을 수상했지요.
2012년 공화당 미트 롬니 후보를 꺾고

대통령에 재선됐지요.

60-3. 오바마 미국 대통령은 사우스캐롤라이나주(州)

찰스턴 흑인 교회 총기 난사에
희생된 목사의 장례식에서
"범인(犯人)은 희생자 유족이
자기를 용서(容恕)하리라곤 상상도 못 했을 것이다.
그것은 신(神)의 은총이다.
우리 모두 '선량함'이라는 은총을 찾는다면
모든 게 바뀔 것"이라고
추도사(追悼辭)를 한 후,
"어메이징 그레이스(Amazing grace · 놀라운 은총),
어메이징 그레이스"를
두 번 읊조린 후
고개를 숙여 침묵하더니,
찬송가 '어메이징 그레이스'를 불렀지요.

추모객들은 오바마 대통령이 조용히
찬송가 어메이징 그레이스를 부르자
뜻밖의 대통령의 행동에
처음엔 당황해 어색해 했으나,
곧 모두 일어서 팔을 들고
함께 찬송가를 부르며 눈물을 훔쳤지요.

오바마 대통령이 희생자의 이름을
하나하나 부르며
끝낸 35분의 추도사(追悼辭)는
"미국 최고의 사회 통합 메시지"라는
칭찬과 함께,

1964년 말틴 루터 킹 목사의
'나에는 꿈이 있습니다(I have a dream!'에
버금가는 기념비적 연설로 평가받으며,
이를 계기로 150년 간의 남북전쟁의
잔재(殘滓)를 씻어내자는 운동이
미국 곳곳에서 들불처럼 번지게 했고,
드디어 사우스캐롤라이나주(州) 의회에
1962년 이후 걸려 있던
남부연합기도 내리지게 했다지요.

번뇌 61.
당신께서 우리나라 대통령(국회의원) 님이시라면,

서로의 잘못을 서로 용서하고 보듬으면서
더불어 사는 나라를 만들어 주시겠죠?

미국 사우스캐롤라이나주(州), 찰스턴!

1861년 미국 내전(內戰)인

남북전쟁이 시작된 곳으로,

1 · 2차 세계대전과 한국전쟁, 베트남전쟁 등의

미군(美軍) 사망자 수인

70여 만 명의 사망자를 낸 곳!

1962년부터 2015년 7월 10일까지

54년간 남부 연합기가 게양됐던 곳!

붉은 바탕에 푸른 X자 마크, 별 13개가 새겨진

미국 내 인종차별의 상징으로 여겨졌던,

남부연합기는 "USA"를 외치며,

"hey, hey, hey, good bye!"

노래를 부르며 드디어 내렸졌지요.

찰스턴 흑인교회에서 9명을 살해한

백인 우월주의자 딜란 루프(21)가

남부연합기를 들고 있는 사진이

남부연합기의 하강 계기가 됐지요.

시민단체들이 인종 차별의 상징인

남부 연합기의 하강을 이 지역 제품의

불매(不買)운동을 펼치며 요구했지만
아랑곳 하지 않았었던 남부 연합기가
이 총기 난사 사건의 충격과 반성으로
드디어 내려졌지요.

150여 년 전 흑인 노예제를 찬성하며
가장 먼저 미국 연방(聯邦)을 탈퇴하고,
섬터 공격을 통해 남북전쟁을 촉발시킨 곳의
남부연합기 게양은 그리 떳떳한 게 아니었지요.

총기 난사(亂射)로 사망한 피크니 목사가
14년간이나 상원의원을 역임했으므로 주상원은
인종차별의 상징인 남부연합기의 하강을
쉽게 결정했지만,
하원은 선뜻 찬성하지 않았다지요.

이 때, 남부 연합군 대통령의 후손인
제니 혼 의원이 "나는 남부연합 대통령으로
섬터 요새 공격 명령을 내려
남북전쟁을 촉발시킨
제퍼슨 데이비스의 후손"이라며
남부연합기의 하강을 간곡히 주장하자,

이에 감동해 하원도
남부 연합기의 하강을 의결했다지요.

피해자 가족(家族)들이 범인을
공개적으로 용서(容恕)했고,
이어 오바마 미국 대통령이 추도식에서
노예 무역상에서 목사가 된
존 뉴튼이 노랫말을 쓴
찬송가인 '어메이징 그레이스
(Amazing grace · 놀라운 은총)'를 부르자,
추모객들이 모두 일어서 팔을 들고 함께 부르며
눈물을 훔치는 장면이 TV로 방영되면서
전국적인 용서와 화해의 물결이 일었고
남부연합군 대통령의 후손이
의회에서 솔선수범해 남부연합기를 내리자고
간곡히 호소한 연설 등이 3박자가 돼
용서와 화해의 역사를 창조했지요.

이를 계기로 150년간의
남북전쟁의 잔재(殘滓)를
씻어내자는 운동이 미국 곳곳에서
요원의 불길처럼 번져

미국이 한 걸음 더 전진하게 됐지요.
흑인 교회 총기 난사라는 야만적(野蠻的) 사건을
미국이 용서와 화해를 통해
국가와 국민을 통합(統合)하고
전진(前進)하는 반전(反轉)의 계기로 삼듯,

우리도 비극의 역사와 국가적 대사(大事),
참사(慘事)와 재난(災難)을
진영(陣營) 논리로 해석해
퇴행(退行)하지 말고 미래로 가요.

번뇌 62.

당신께서 우리나라 대통령(국회의원) 님이시라면,

우리도 성숙하게
한국계 23세 조승희
미국 버지니아공대(버지니아텍) 2학년 학생의
총기 난사(亂射)로 무려 자신을 포함해
33명을 사망시키고, 29명을 부상시킨
미국 역사상 최대 총기 참사를 빚었어도,
한국인이라고 한국을 비난하지 않고

한 문제적 인간 개인의 문제로 본
미국처럼 성숙한 나라를 만들어 주시겠죠?

번뇌 63.

당신께서 우리나라 대통령(국회의원) 님이시라면,

IMF 구제 금융을 받은 브라질을 건지고 국민들이
4선(四選)을 권했지만 사양하고 스스로 물러나
브라질 국민 뿐만 아니라 세계에 감동을 준
룰라 대통령처럼
부강한 나라를 만들어 국민들에게 기쁨을 주시겠죠?
이타마르 프랑쿠 대통령 시절 재무장관이었던
페르난도 엥히키 카르도주는
물가 안정의 공로로
1994년 10월 브라질의 대통령이 됐지요.
그는 노동시장의 유연성, 시장 개방, 민영화 등
신자유주의 경제정책으로
경제를 활성화시키고,
수백 퍼센트의 인플레이션을 극복한
공로로 헌법을 개정해
재선돼 8년 재임을 했지만,

해외 자본 유치를 위한 지나친 경제 개방과
고정된 금리정책으로
좋았던 경제가 점차 위축됐고,
연평균 20%가 넘는 고율(高率)의
이자를 지불하면서,
과대평가된 헤알화로 인해서
무역수지가 악화돼
1999년 우리나라처럼
IMF 구제금융을 받는 수모(受侮)를 겪었지요.

브라질은 약 인구 2억 명,
국토 면적 870만Km^2로
인구와 땅 크기에서
남미(南美)의 2분의 1을 차지하지요.

우리나라와 비교하면 인구는 4배,
땅은 85배나 되는 큰 나라지요.

세계은행에 따르면 브라질은
외환위기의 수모를 겪은 국가에서
세계 10위 경제대국으로 우뚝 서
유엔 안보리 상임이사국을 넘 보며

서서히 국제사회의 지도국가로
부상하고 있지요.

브라질의 금융위기를 해결하고,
브라질을 국제사회의 지도국가로 만든 사람은
다름 아닌 초등학교 졸업의 금속 노동자 출신의
이스 이나시우 룰라 태통령이지요.

룰라 대통령은 1945년 브라질의 북동부 지방인
페르남부쿠 주의 가난한 농부의 아들로 태어났지요.
10세 때 어머니를 따라 상파울루 근교로 이사해
구두닦이를 하며 집안 살림을 도왔다지요.
12세에 초등학교를 마치고,
14세 때 나사와 볼트를 생산하는 공장에서
정식 노동자로 첫 직장생활을 시작했고,
19세 때 졸고 있던 동료가
압착기를 잘못 조작하는 바람에
새끼 손가락이 절단되는 사고를 당했지요.
6개월 간의 실직 후에 금속공장에
다시 취직한 룰라는 같은 공장노동자였던
마리아 루르지스 다 실바와 결혼했는 데,
슬프게도 그녀는 임신 8개월째에

간염으로 아이와 함께 세상을 떠났지요.

그 후 형의 권유로 노조운동을 시작해
브라질 노조사상 전대미문(前代未聞)의
92%라는 찬성으로 노조위원장이 되고,
이어서 1978년엔 98% 찬성이라는
브라질 노조 역사상 전무후무한
지지율로 재선(再選)되면서,
적극적으로 정치활동을 했지요.

1989년 30년 만에 실시된 대통령 직접선거에
노조 지도자 경험을 바탕으로
노동자당 후보로 출마했지만,
3번 낙선(落選)하자,
급진적인 좌파(左派) 강경(强硬) 노동자에서
중도 좌파로 노선 변신을 꾀해,
드디어 2002년 10월에 브라질 역사상
최초의 좌파 출신 대통령이 되지요.
이는 1889년 브라질이 공화국으로 바뀐 이후
113년 만에 노동자 출신이 3전4기의
신화를 창조하며 대통령에 당선된 것이었지요.

그는 기아 제로(Fome Zero) 운동을 펼치고,

친시장 정책으로 경제를 성장시켜

2005년에는 IMF 외채의 일부를

조기(早期)에 상환했으며,

비록 경제성장률은 부진했으나

빈곤층을 위한 사회 전반적인 프로그램으로

빈부격차를 줄였고,

부자들이 세금을 더 많이 내도록 하는

세제개혁도 추진하고,

최저임금을 지속적으로 인상하면서

서민, 노동자 계층의 호응을 얻어

재선에 성공해 더 노력한 결과

브라질의 경상수지는 적자에서,

2007년 100억 달러 흑자로 전환되며

무섭게 발전하는 신흥 4국

(BRICs : 브라질, 러시아, 인도, 중국)이 됐지요.

물론 브라질의 경제성장은 풍부한 자원과

농산물그리고 국제 원자재 값의 상승과

농산물 가격의 폭등의 영향도 컸지만,

그 가운데에 룰라 대통령의 리더십이 있었지요.

룰라 대통령은 친시장 정책으로
경제규제를 대폭 해제하고,
외국자본이 투자하기 좋은 환경을 만들자,
썰물처럼 빠져나갔던
외국인 투자자들이 주식과 채권시장에
다시금 밀물처럼 몰려들었다네요.

또 룰라 대통령은 또 방만한 정부 재정을 축소하고,
세제와 공무원 연금제도도 대폭 개혁하고,
또 '주요 전략 산업부문'에 대해서는
강한 공기업 형태를 유지하면서
'일부 부문'에 효율적 민영화를
적극 추진하는 방식을 통해
경쟁력을 강화시켰다네요.
이와 함께 물가 안정과 내수시장의 활성화에
물총력을 기울이면서,
빈부의 격차를 줄이기 위해
의무교육을 강화하였다네요.

이렇게 해 룰라 대통령은 성장과 분배라는
두 마리 토끼를 모두 잡는 데 성공해
브라질을 구하고 존경받는 대통령이 됐지요.

번뇌 64.

당신께서 우리나라 대통령(국회의원) 님이시라면,

미국의 전직 대통령들처럼
퇴임(退任) 후가 더 아름다우시겠죠?

64 -1. 3대 **제퍼슨 전 대통령**은 퇴임 후,
버지니아 대학교를 설립했고,

4대 **매디슨** 전 대통령은 퇴임 후,
이 대학의 이사장을 지냈다지요.

6대 **존 퀸시 애덤스** 대통령은
무학(無學)의 앤드류 잭슨에게 참패해
재선에 실패한 후,
하원의원이 돼 20여 년간 노예제도 폐지와
흑인 인권 변호에 앞장섰지요.

22대 **클리블랜드** 전 대통령은
퇴임 후 왕성한 사회활동을 해,
4년 뒤 24대 대통령에 재선출 됐고,

27대 **하워드 태프트** 대통령은 퇴임 후,
모교인 예일대 법과대학원 교수로 재직하다,
하딩 대통령에 의해 연방 대법원장에 임명되어
1930년 사망할 때까지 9년 동안 재직하며,
학술적으로도 역대 상위 20위의
대법원장으로 칭송을 받으며,
효율적인 대법원 조직을 만들었다지요.

31대 **허버트 후버** 대통령은 퇴임 후,
2차 대전 후의 유럽 구호활동에 나서
기아로 고통 받는 세계 여러 곳에
식량 분배작전을 지휘하고,
후버위원회 위원장으로
행정부를 강화하는 개혁안을 만들었고,
근대적 대통령직의 권한과 기능을
정립하는데 크게 기여하였다지요.

39대 **지미 카터** 대통령은 퇴임 후,
교회 주일학교 선생님과
34년 동안 세계로 다니며
빈민(貧民)의 집을 지어주는
해비스타트 운동,

민주주의 신장, 인권운동,
지구 건강, 기니아 벌레(Guinea worm)
퇴치 운동을 하며,
재임보다 더 왕성하고
보람있는 활동을 하고 있지요.

64 -2. 대통령만이 아니라 미국의 럼즈펠드는

1975년 43세에 국방장관을 한 후,
30년이 지난 2001년 74세에 두 번째 국방장관이 돼
6년 동안을 나라를 위해 일했지요.

64 -3. 우리도 군(軍), 판검사, 경찰의 경우

후배가 상위직에 오르면
무조건 옷을 벗는 체면에 매이는
허위(虛僞)와 허영적인 삶보다는
실질적인 삶을 살고,
현직 대통령의
전직 대통령에 대한 존경심과
전직 대통령의
현직 대통령에 대한 예우가
잘 조화되는 국격(國格)
높은 모습을 국민에게 보여 주고,

전직 대통령의 국정 경험과 지혜를 살려
국익(國益)을 도모(圖謀)하는
아름다운 나라였으면 좋겠지요?

번뇌 65.

당신께서 우리나라 대통령(국회의원) 님이시라면,

고려 시대 서희(徐熙)가
거란의 소손녕과 담판으로
싸우지 않고 강동6주를 차지해
압록강 국경(國境)을 확보한 것처럼,
반기문 유엔 사무총장처럼
유능한 외교관을 많이 키워 주시겠죠?

거란의 소손녕 왈(曰),
"그대 나라는 신라 땅에서 일어나
고구려의 땅은 우리가 소유했는데,
당신들이 그 땅을 침식하였고,
그대의 나라는 우리나라와 땅을 접하고 있는데도
바다를 건너 송나라를 섬기고 있기 때문에
이번에 공격하게 됐다."고 하자,

서희는 "우리나라는 고구려의 옛 터전을 이었으므로
나라의 이름을 '고려'라 하고,
평양을 도읍지(都邑地)으로 삼은 것이다.
만약, 지계(地界)로 논한다면
거란의 동경(東京, 현 요양)도
모두 우리 경내에 들어가니
어찌 침식이라 말할 수 있겠는가.
뿐만 아니라 압록강 안팎도 역시 우리 경내인데
지금은 여진이 그곳에 들어와 완악(頑惡)하고
간사한 짓을 하므로
도로가 막혀 조빙(朝聘)을 못하게 된 것이다.

만약 여진을 쫓아내고 우리의 옛 땅을 되찾게 하여
성보(城堡)를 쌓고 도로가 통하게 되면
조빙을 할 것이다."라고 반박 · 설득해,
고려왕의 입조(入朝)와 거란 연호(年號)의 사용을 조건으로
압록강 동쪽 여진의 거주 지역 280리를
고려 땅으로 확보하고 거란군을 철수시켰지요.
이런 서희 같은 외교관을 많이 길러
일본, 중국과의 외교전에서 승리해,
일본이 독도(獨島)를
자기네 땅이라 우기지 못하게 하고,

그들의 침략과 종군위안부에 대한
사과와 배상을 받게 하며,
중국이 우리와 신의(信義)를
지키게 하면 얼마나 좋을까요?

번뇌 66.
당신께서 우리나라 대통령(국회의원) 님이시라면,

선거 때 그저 표(票)만 얻어
당선만 되면 그만이라고 생각하고,
실현 불가능한 포퓰리즘 공약을
남발(濫發)하지 못하게 하고,
공약했으면
반드시 책임을 지는 나라를 만들어 주시겠죠?

66-1. 당신께서 우리나라 대통령(국회의원)이시라면,
국회의원 세비(歲費)를 더 올려 주시고,
한 번이라도 부정부패를 저지르면
영구히 정치계에서 배제시켜
썩은 정치인이 없는
정의로운 나라를 만들어 주시겠죠?

66-2. 당신께서 우리나라 대통령(국회의원)이시라면,

상탁부하정(上濁不下淨),

윗물이 맑지 않아 도저히

아랫물이 맑을 수 없는 나라는

만들지 않으시겠죠?

66-3. 당신께서 우리나라 대통령(국회의원) 님이시라면,

내가 하면 로맨스, 남이 하면 스캔들처럼

생각하지 않으시고,

죄 지은 자가, 부정부패자가

정권(政權)의 비호(庇護)로 살아남지 못하고,

원 스트라이크 아웃 되는 나라를 만들어 주시겠죠?

66-4. 당신께서 우리나라 대통령(국회의원) 님이시라면,

서로 조금씩 양보하고 협조해

님비(Nimby) 현상을 극복하고,

'떼법'을 없애고, 법치(法治)를 확립해

이 지구상에서 가장 살기

좋은 나라를 만들어 주시겠죠?

번뇌 67.

당신께서 우리나라 대통령(국회의원) 님이시라면,

대통령부터 모든 공직자
재산(財産)을 공개토록 해,
국민들이 그 정보를 알고
특히 선거직에서 특정인, 특정 계층이
명예와 부와 권력을
모두 갖지 않도록 해 주시겠죠?

그리고, 최영 장군처럼
'황금을 보기를 돌 같이 하는'
견금여석(見金如石)을 실천하실 거죠?

번뇌 68.

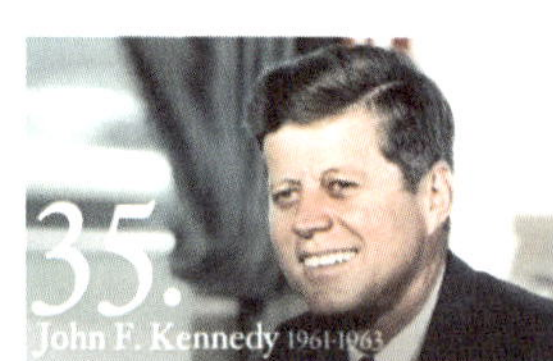

당신께서 우리나라 대통령(국회의원) 님이시라면,
우리나라도 40대 대통령이 나올 수 있는
나라를 만들어 주시겠죠?
미국의 시어도어 루스벨트 대통령이 42세에,
존 에프 케네디(John F. Kennedy) 대통령이 43세(1960년)에,
빌 클린턴((Bill Clinton) 대통령이 46세(2001년)에

당선돼 재선을 하고,
버락 오바마(Obama) 대통령이 48세(2009년)에
대통령에 당선돼 재선으로 현재 재임 중이죠.

영국의 토니 블레어 총리도
44살에 총리가 돼 3선을 했고,
캐나다 현 쥐스탱 트뤼도 총리도 43살에,
미국의 폴 라이언 의원은
17년간 하원의원 생활을 하다,
2015년 올해 45살의 나이로 하원의장에 선출됐지요.

당신께서 우리나라 대통령(국회의원) 님이시라면

PART 05

교육이 뭐길래…

Se/chung/da/baek
세 충 다 백

번뇌 69.

당신께서 우리나라 대통령(국회의원) 님이시라면,

저출산으로 인해 나라 경제가 어려워지고,

나라 경쟁력이 떨어질 뿐만 아니라,

나라의 미래까지 어두워지는 나랏병을 고쳐 주시겠죠?

69-1. 당신께서 우리나라 대통령(국회의원) 님이시라면,

교육에 대한 정부 책임을 다하는

출산율(出産率)을 높이는 정책으로

미래 우리나라의 재앙(災殃)일 수 있는

저출산 문제를 해결해 주시겠죠?

한국보건사회연구원의 보고에 따르면,

법정 의무교육기간이 길수록,

영유아보육에 정부지출이 증가할 때,

출산율이 높다고 하네요.

69-2. 전남 해남군이 전국 출산율

평균 1.21명의 2배가 넘은 2.43명으로

4년째 전국 출산율 1위를 차지한 것은

8년 전부터 아이를 낳을 수 있는

젊은 층의 귀농 인구를 해마다

600여 명씩 유치했을 뿐만 아니라

이들이 정착할 수 있는

여러 가지 프로그램을 운영하고,

아이가 태어나면 지역 신문에

축하 광고를 내 주고,

쇠고기와 미역도 사다 주고,

부모가 원하면 이름도 지어주고

공공형 산후 조리원을 운영하는 등

지속적으로 출산을 지원한 효과지

막연히 그냥 된 게 아니라네요.

69-3. 30~40년 전만 해도 다출산(多出産)이

나라의 재앙이라고, "둘만 낳아 잘 기르자!"로

시작한 인구억제 및 산아제한 정책은

급기야 "둘도 많다,

하나만 낳아 잘 기르자!"라고 바뀌었지요.

그런데, 그 정책의 목표를 초과달성해

지금은 저출산이 나라의

재앙이 되는 시절이 됐네요.

참으로 격세지감(隔世之感)이지요?

이를 어쩌면 좋아요?

69-4. 그러면 이렇게 나랏병이 된

저출산의 원인은 무엇일까요?
그건 뭐니 뭐니 해도 아이를 낳아 기르는 데,
돈이 너무 많이 들기 때문이라네요.
아이를 기르는 데 가장 많은 돈이 들어가는 게
교육비라니 이건 또 무슨 말인가요?

69-5. 전엔 나라 형편이 어려워

초등학교 6년도 완전의무 교육을 못해
월사금(月謝金)이니 사친회비(師親會費)비니
육성회비(育成會費)니 해
나름 돈이 들었었지만,
지금은 그런 것도 없고,
의무 교육 기간도 3년 늘어 9년이고,
나라 살림이 좋아지면서 교과서와
학습자료와 점심까지 무상(無償)인 데,
왜 교육비가 많이 들어 출산을 못하고,
그게 저출산의 원인일까요?

69-6. 교육엔 공교육과 사교육이 있는 데,

공교육비는 거의 무상(無償), 무료(無料)지만,

공교육의 보충재(補充財)인

사교육비가

들어도 엄청 많이 들기 때문이라네요.

69-7. 이렇게 사교육비가 많이 드는 건,

공교육이 제 역할을 하지 못하는 탓이라고

말하는 사람도 있지만,

그래도 우리나라 공교육은

미국 오바마 대통령 같은 경우엔

기회만 있으면

우리 공교육을 칭찬하는 걸 보면,

공교육이 문제가 아니라 다른 데

문제가 있는 게 분명할 것 같네요.

69-8. 그렇다면 사교육이 문제의 원인이랄 것

같지 않나요? 그럴 지도 모르지요.

사교육비가 가계(家計)에 큰 부담을 준다는 건

우리 모두 익히 잘 알고 있잖아요?

69-9. 그럼 답이 나왔네요.

교육비, 그 중에 과도한 사교육비가
아이를 낳을 수 없게 하는,
저출산의 원인 중의 원인이 되네요.
그러니 '콕' 찍어
저출산의 원인(原因)이고,
나랏병의 원인(遠因)은 다름 아닌
높은 사교육비네요.

69-10. 아, 그렀네요.

그러면, 저출산의 원인(原因)이며,
나랏병의 원인(遠因)인
이 높은 사교육비 문제를
어떻게 하면 해결할 수 있을까요?

69-11. 사람들은 누구나 남보다 잘 되고,

잘 살고, 행복하기 바라지요.
그러려면 좋은 대학에 가는 게 첩경(捷徑),
지름길이라고 생각하지요.
왜냐하면, 좋은 대학을 졸업하면,
좋은 자리, 좋은 직장을 얻기 쉽고,
이렇게 되면, 남보다 잘 되고, 잘 살고,

행복할 수 있다고 생각하기 때문이지요.

69-12. 대다수 국민들은 좋은 대학에 가려면,

머리도 좋아야 하지만,

누구나 받는 공교육만으로는 안 된다고 믿기에,

공교육보다 돈이 들어도 엄청 많이 드는

사교육을 받고 싶고,

받고 있고, 받으면 효과가 있으니

사교육비가 부담이 돼도 자녀들에게

사교육을 받게 하지 않은 수 없지요?

69-13. 그런데, 문제는 이런 엄청난 사교육비를

누구나 감당할 수 있다면야,

큰 문제가 되지 않지만,

우리나라 대다수 국민들의

생활이 그러하지 못하다 보니,

아이를 낳아 그렇게 잘 기르지 못할 바라면,

아예 낳지 말자라고 생각하는 거지요.

69-14. 그러니 저출산의 원인은 교육비이며,

교육 중에서도 사교육비이며,

좋은 대학에 가는 걸로 결론지어 지는군요.

69-15. 그러면 나랏병, 저출산을 고칠 방법은 없을까요?

69-16. 곰곰이 생각해 보면,
좀 생뚱맞게 생각되기도 하지만,
결국 과도한 사교육비는
명문고(名門高), 명문대(名門大)에
가기 위한 것으로 귀결되지요.
고등학교는 평준화지만,
특목고를 만들어 고등학교의 완전 평준화가 깨졌고,
특목고는 일반고등학교보다
학원에 많이 다녀야 갈 수 있으므로
가는 데도 돈이 많이 들고,
가서도 학비가 일반고의 3배가 돼 비싸지요.

대학도 고등학교처럼 평준화해

명문 대학이 중요한 게 아니라
어느 대학을 나오든
실력 있는 사람이 쓰여지는 사회라면
나랏병이 고쳐질 것도 같지 않나요?

69-17. 그러면, 대다수 국민들은,
"어느 나라나 우수한 대학이

국가 인재를 길러 내고 있는 데………."하시면서,
미국의 하버드, MIT, 영국의 옥스퍼드, 케임브릿지,
일본의 동경대, 교토대, 중국의 북경대나 청화대,
싱가포르의 싱가포르대 등등의 대학을 떠 올리시며,
"대학 평준화? 무슨 말도 안 되는 소리?"라고 생
각하실 수도 있지만,

69-18. 눈부시게 발전하며, 경제대국인
독일의 하이델베르크(Heidelberg)대나
프랑스의 소르본느(Sorbonne)대도
전엔 독일과 프랑스를 대표하는 명문대였으나,
지금은 평준화돼 저렴한 학비로
누구나 공부할 수 있는 대학교지요.

69-19. 독일과 프랑스, 네덜란드 같은 나라가
대학평준화를 하고도 선진국이라면
우리나라도 해서 안 될 건 없지 않을까요?
특히 땅덩어리는 남한의 2분의 1이 안 되고,
인구수도 남한의 3분의 1 밖에 되지 않는
네덜란드가 대학을 평준화하고도
국민 소득은 우리의 2배 가깝게 높고
국민 행복지수도 우리나라가 세계 47위인 데 비해,

네덜란드가 세계 7위라면
대학 평준화가 걸림돌은 아니지 않은가요?

69-20. 과학에 '질량불변의 법칙'이란 게 있잖아요?

이 법칙으로 말해 보면,
나라의 우수한 인재들이
대학의 서열화(序列化) 상황에서는 이름하여
명문대라는 어느 또는 몇 특정 대학에
집중돼 있지만, 대학이 평준화되면
여러 대학에 분산돼 있을 뿐이지
우리나라 인재들의
수(數)나 질(質)에는 변함이 없잖아요?
우리나라의 현실로 다시 말하면,
질량 불변의 법칙이나,
우주 속의 물의 양이 일정하듯이,
국가의 우수한 인재의 수가
대학을 서열화한다고 더 많아지거나,
평준화한다고 더 적어지는 건 아니잖아요?

69-21. 지금처럼 특목고나 명문 대학에

인재들을 특정 대학에 몰아 놓는 건,

교육의 수월성 측면에서는 우수하지만,

다양성 측면과 지방 균형 발전 측면에선

바람직하다고 할 수 없지 않나요?

69-22. 세계 37개국에서 출간되었고,

우리나라에서도 출간돼 200만부 이상 판매되며,

우리나라를 떠들썩하게 했고,

우리나라에 '갑과 을'의 논쟁을 촉발시키고,

사회 변혁에 이바지했던,

27세로 최연소 하버드대 교수가 된,

마이클 샌델 교수가 쓴 '정의(正依)란 무엇인가?'에

적용해 말하면,

인간은 성적(成績)에 의해 서열화되어 선

안 되는 고귀한 인격적 존재이므로,

서열화 학교인 특목고와 명문대는

정의(正義)에 어긋나고,

우리가 그렇게 싫어하는 '갑과 을' 문제가

더욱 존재해서는 안 되는

신성한 교육에 존재하는

'갑질'도 너무나 '심한 '갑질'이며,

우리 사회 다른 곳에서는 있을 수 없는

'독과점'으로 공정거래법에도 어긋나지요.

69-23. 이렇게 보면, 대학의 평준화는

그렇게 생뚱맞기만 하고,
절대 해서 안 되는 일이
아니라는 생각이 들지 않나요?
대학이 평준화되면,
누가 명문대에 가려고 그렇게
과도한 사교육비를 투자할까요?
그저 자기가 하고 싶은 공부만을
열심히 하면 되는 데 말이지요.
우리가 갖고 있는 고정관념을 버리기만 한다면,

대학의 평준화를 통해 우리나라의 나랏병의 원인(遠因)인
과도한 사교육비에서 해방되고,
과도한 사교육비 문제가 해결되면서
저출산 문제가 저절로 해결된다면
대학평준화야말로 나랏병을 고치는 특효약(特效藥)이며,
우리나라 국민들의 삶의 질과 행복지수를 높일 수 있는
비방(秘方) 중의 비방이겠지요.

69-24. 이렇게 대학평준화가 교육 고비용 문제를 해결하고,

또 교육 고비용 문제가

나랏병 저출산 문제를 해결하면,
교육받는 사람은 돈을 적게 들이고
교육다운 교육을 받을 수 있을 뿐만 아니라,
진정으로 명문대 입학을 위한 소모성 공부,
뒷날 잊어버려도 사는 데 아무 지장이 없는
망각을 위한 공부가 아니라
자신의 특기(特技)와 적성(適性)을 살리는
창의성 공부가 가능해지며,
교육비 부담자인 부모들은
교육비 부담에서 해방돼 삶의 질(質)을 높이고,
여윳돈으로 노후(老後)를 준비한다면
이보다 국민의 삶의 질을 높이고
국가의 품격을 높이는 방법이 또 있을까요?

69-25. 게다가 어느 대학을 나왔느냐가 아니라
실력에 의해 평가 받고 사회에 쓰인다면,
굳이 사교육을 통해 특정 대학에 들어가려고
높은 사교육비를 투자하지 않을 것이며,
그렇게 되면 교육비 때문에 아이를 낳지 않겠다는
저출산 문제는 자연스럽게 해결되고,
지방 균형 발전 또한 이뤄져 대학평준화야말로
나랏병을 고치는 특효약인 데,
이제 한 번 써 봐야 하지 않겠어요?

69-26. 나랏병 저출산 문제를 고치지 않는다면,
훗날 우리나라 인구(人口) 구조가
역삼각형 사회가 돼,
부양(扶養) 받을 노인은 많고,
일하고 받들 청년이 없는 나라가 돼
우리나라의 앞날을 어두워질 것이며,

어쩜 나라를 유지(維持)하기조차 힘들지 모르지요.
군인(軍人)이 돼 나라를 지키러 갈 젊은이가 없어,
전쟁 나면 목숨을 구하기 위해 도망하는 용병(傭兵)이
우리나라를 지켜야 하는 때가 올 수 있기 때문이지요.
이렇게 된다면, 단군 할아버지께서 뭐라고 하시겠어요?

69-27. 그러니, 당신께서 대통령(국회의원) 님이 되신다면,
이제는 선진국인 독일이나 프랑스, 네델란드처럼
우리도 대학평준화로
어느 대학에서 공부했느냐가 아니라
어느 대학에서 공부했든
실력 있는 사람이 선택되고
존중되는 사회를 만들어주시겠죠?

69-28. 저출산의 또 하나의 요인인
육아 문제를 해결해 주셔서 여성이, 가정이
육아 문제로 출산을 꺼리지 않도록 해 주시겠죠?
그러기 위해서는 영유아 교육도 의무교육이 돼야 하고,
영유아 담당자들의 처우도 개선해 주셔
그들이 사명감을 갖고 일하도록 해결해 주시겠죠?

번뇌 70.

당신께서 우리나라 대통령(국회의원) 님이시라면,

좋은 대학이 현대판 음서제(蔭敍制)처럼
평생 유리함(메리트)를 갖고 사는
불합리한 사회가 아니라,
어느 방송의 프로그램 '복면가왕'이
얼굴을 가려 선입견 없이
노래 실력으로만 평가하듯,
어느 대학을 나왔건,
심지어는 대학을 나오지 않았다 하더라도
애로라지 실력으로만 평가하고
인정 받는 사회를 만들어 주시겠죠?

번뇌 71.

당신께서 우리나라 대통령(국회의원) 님이시라면,

선생님들이 자부심과 용기로 가르치게 해 주시겠죠?

71-1. 워털루 전투에서 나폴레옹의 최정예군을
괴멸시키고, 개선한 영국의 웰링톤 장군에 대한
국민들의 환영은 대단했지요.
"전쟁을 이긴 것은 교단의 선생님입니다.
워털루 전투의 승리는
이미 이튼 학교(Eton College) 교정(校庭)에서
이루어졌었다."고
그는 겸허하지만 단호하게 말했다지요.

웰링톤 장군은 이튼 고등학교 시절
선생님으로부터 점수 경쟁이 아니라,
'품위와 용기', '애정과 지도력' 등
장차 국가의 지도자로서 갖춰야 할
자질에 관해 배웠던 것을
잊지 않고 있었기 때문이지요.

71-2. 보불(報佛) 전쟁에서 승리한
프로이센 왕국의 몰트게 장군도

그의 개선을 환영하는 군중 앞에서
"전쟁을 이긴 것을 우리가 아닙니다.
오랜 세월을 온갖 역경과 시련을 극복하며 교육에
헌신한 선생님들입니다."라고 말했다지요.

이러함에도 불구하고,
학생과 학부모가 선생님에게 들이대고
인성교육은커녕 교과지도도 어려운
작금(昨今)의 우리나라 상황은
이런 인재를 기르기 어렵지 않을까요?

번뇌 72.

당신께서 우리나라 대통령(국회의원) 님이시라면,

석가모니 부처님도, 공자님도,
예수님도 대학을 나오시지 않았지만,
영원한 인류의 스승으로
마르지 않는 샘처럼
대학에서 연구해도 연구해도
끝이 나지 않는 분이듯
대학 졸업장이 아니라 실력이 존중받는,
최고의 우리나라를 만들어 주시겠죠?

72-1. 미국의 대통령 중 25%가 대학을 나오지 않았고,
우리나라도 김대중, 노무현 전 대통령이
대학을 다니지 않았잖아요?

MS의 빌 게이츠와 페이스 북의 저커버그는
하버드 대를 중퇴했고,
애플의 스티브 잡스도 리드 대를 1년 남짓 밖에 다니지 않았고,
미국의 유명한 방송인 오프라 윈프리도
대학을 중퇴했잖아요?

72-2. 벤저민 플랭클린 미국 전 대통령은
가난한 집 17남매 중 열 다섯째로 태어나
학교 교육이라곤 2년 밖에 받지 못했지만,
미국 헌법의 기틀을 잡고,
대학을 세우고,
우편과 도서관 제도를 만들고
피뢰침을 발명했네요.

미당 서정주, 청록파 시인 3인,
김동리 선생도 대학을 나오지 않았지만,
문학으로 대성하며
우리나라 최고의 대학교수를 했지요.

무애 양주동 박사의 전공은 한문학과 영문학이지만
국문학으로 대성하시고 대학교수를 하셨지요.
초등학교 졸업의 김기덕 감독,
고졸의 장사익 선생!

번뇌 73.

당신께서 우리나라 대통령(국회의원) 님이시라면,

우리 아이들이 창의성을 계발하는 교육이라기보다는
경쟁에서 이기기 위한 공부,
나중에 잊어버려도 삶에 아무런 지장이 없는
망각(忘却)을 위한 공부에 매몰되지 않고,
튼튼하고 착한 마음과 호연지기(浩然之氣)를 기르며
즐겁게 공부하면서
자신의 적성과 특기, 장기(長技)를
훨훨훨 계발할 수 있는 선택과목이 많은 나라,
시험은 자격시험 외엔 마지막으로 채용이나 취직 시험 등
최종에 한 번만 치루는,
시험 없는 나라에서 살게 해 주시겠죠?

번뇌 74.

당신께서 우리나라 대통령(국회의원) 님이시라면,

대학등록금을 반값으로 하거나, 후불(後佛)로 해
공부하고 싶은 사람은
누구나 돈 때문에 하고 싶은 공부를
하지 못하는 세상을 만들지 않으시겠죠?

번뇌 75.

당신께서 우리나라 대통령(국회의원) 님이시라면,

정원(定員) 외(外) 입학을 통해
정상 입학하는 학생에게 피해를 주지 않는
'대학기여 입학제'로
한 사람당 수억 원씩 받아
대학등록금을 반값으로 만들어
경제적 형편이 어려운 학생들에게 혜택을 주고,
부정, 무료(無料)의 군(軍) 면제가 아니라
연예인, 체육인, 부자(富者)들이 수십억 원씩 내고
군 면제를 받게 해 줘,
그들이 낸 돈으로 병역 의무를 다하는 젊은이에게

한 달 100~200만원씩 월급을 주는
나라를 만들어 주면 어떨까요?

번뇌 76.
당신께서 우리나라 대통령(국회의원) 님이시라면,

대학의 진학과 취직을 위한 사교육은 말할 것도 없고,
병역(兵役) 의무를 위한 군대에 가기 위해서도
입군(入軍) 학원에 다녀야 하는
학원 만능, 사교육 만능 사회를 해결해 주시겠죠?

번뇌 77.
당신께서 우리나라 대통령(국회의원) 님이시라면,

'실력과 재주가 있는 사람은 주머니 속에
송곳을 넣어두면 뾰족해 주머니를 뚫고 나온다.'는
낭중지추(囊中之錐) 고사(故事)처럼,
진정으로 실력과 재주를 가진 사람이,
맹자님의 말씀 대로 '때 맞춰 내리는 비,
곧 좋은 스승을 만나는' 시우지화(時雨之化)로

재능(才能)을 발휘하는 세상을 만들어 주시겠죠?

번뇌 78.

당신께서 우리나라 대통령(국회의원) 님이시라면,

같은 출신 지역, 같은 출신 학교의
사람만을 중용(重用)하지 않고,
실력이 있다면,
세종 대왕께서 노비(奴婢) 출신인 장영실을 들어 쓰셔서
우리나라 과학을 발전시키셨듯,
미국이 우리나라 사람 여럿을
세계 최고 대학교인
하버드대 교수로 임용했고,
맹인(盲人)인 강영우 박사가
미국 노스이스턴일리노이대학교
특수교육학과 교수와
미국 백악관 국가장애위원회 정책차관보를
10년 동안이나 지내는 것처럼
탕평책(蕩平策)으로 인재를 고루고루
등용해 화합과 발전을 꾀해 주시겠죠?

번뇌 79.

당신께서 우리나라 대통령(국회의원) 님이시라면,

한국인으로서 미국 하원의원 3선을 한
김창준 씨 같이 새롭고 유능한 인물들이
등용되는 나라를 만들어주시겠죠?

대한민국 역사상 한국인으로
미국 연방 하원의원에 당선된 사람은
김창준 씨 단 한 사람뿐이라지요.

김 씨는 우리나라에서 대학을 졸업하고 병역을 마친 뒤,
1961년 단돈 500달러를 들고 혈혈단신(孑孑單身)으로
미국에 가 캘리포니아의 단칸방에 살면서
말이 통하지 않는 외국에서 주경야독(晝耕夜讀)으로
1967년 다시 남가주대를 졸업하고,
1969년 남가주대 대학원에서 석사를 받고
토목기사로 사회 생활을 시작해
39살에 제이킴엔지니어링이란 설계회사를 세웠고,

이 회사의 성공을 바탕으로
아시아 기업인협회의 첫 한국계 회장이 되고,

미 중소기업청의 '자랑스러운 기업인 상(賞)' 등을 수상했고,
이를 발판으로 다이아몬드바 시의회 의원과 시장을 거쳐,
1992년, 백인(白人) 지역에서
연방 하원의원에 당선된 뒤
연달아 3선에 성공한 입지전적(立志傳的) 인물이지요.

미국은 극동(極東)의 작은 나라 출신 김창준을
하원의원으로 만들어 주는 데,
우린 외국인은커녕 같은 국민끼리도
왜 이리도 신인(新人) 출현이 어려울까요?

번뇌 80.

당신께서 우리나라 대통령(국회의원) 님이시라면,

진정으로 학문을 하고,
연구하는 사람들 외엔
대학 진학보다 취업을 먼저 하는
나라를 만들어 주시겠죠?

그래서 취업을 먼저 한 후,
주경야독하는 평생교육이 정착돼

국가는 실력이 갖춰지면
언제든 평가인증을 통해
초중고의 검정고시처럼
대학도 열린 교육이 돼
입시 만능, 대학 만능의
고질병을 고쳐 주시겠죠?

번뇌 81.

당신께서 우리나라 대통령(국회의원) 님이시라면,

'개천에서 용 날 수 있게' 해 주시겠죠?

81-1. 그래도 아직 우리나라는

OECD 회원국 중
노력한 만큼 성공을 보상받을 수 있는
6번째로 계층 간 '이동 역동성'이
큰 나라라네요.

교육을 통한 부(富)의 대물림 현상이
존재하긴 하지만,
그래도 부모의 학력과 소득 같은

환경적 요인보다
개인 요인이 더 크게 작용하는 나라라고 해
정말로 다행이지요.

81-2. 이 비근한 예는,

이철희 기업은행 신당동 지점장은
운전사 7년, 보일러 관리 별정직 8년,
정규 기능직 4년, 사무직 10년 만에
부지점장에 이어 은행원의 꽃라고 하는
지점장이 된 거라 할 수 있지요.

81-3. 노무현 대통령도 상업고등학교를 나와 병역을 마친 후,

토굴 속에서 분골쇄신(粉骨碎身),
각고(刻苦)의 노력으로
사법시험에 합격해 판사를 거쳐 변호사, 국회의원, 장관,
대통령이 됐지요.

노무현 대통령의 성공처럼
로스 쿨과 사법시험 제도가 같이 있어
사법시험을 통해 '개룡'이 나오는
'희망의 사회'를 만들어 주세요.

81-4. 그런데, 현재의 로 스쿨
(Law school : 법학전문대학원)은
'개룡'의 출현을 막는다들 하네요.
로 스쿨이 현대판 음서제(蔭敍制)가 됐다네요.

그래서 지금처럼 로스쿨도 있고,
사법시험 제도가 같이 있었으면 좋겠어요.

81-5. 공부를 열심히 해 사법시험에 합격하면
일반 법조인이 되고,
로 스쿨은 의료, 기술, 특허, 정보산업, 국제법 등
전문 분야를 전공(專攻)한 사람들이
법률가가 되는 등용문(登龍門)으로 사용돼
국민에게 다양하고 전문적인 법률 서비스를 제공하고,
국제경쟁력을 높이도록 했으면 얼마나 좋을까요?

81-6. 또 로 스쿨은 학비(學費)가 비싸
'돈 스쿨'이라고 비난 받듯,
돈 없는 사람은 실력이 있어도 갈 수 없는
로 스쿨이라면 정말 문제가 있지 않나요?
그래서 열심히 공부해 로 스쿨 시험에 합격하면,
일단 학비 걱정 없이 공부하고
나중에 벌어서 갚을 수 있는

후불제(後佛制)를 통해
돈에 의해 법조인이 되는 길이
제한되거나 막히지 않도록 해 주시겠죠?

81-7. 우리나라가 자본주의이므로 돈이 많은 사람이
집사(執事) 변호사를 쓰면서 온갖 혜택을
다 누리는 걸 인정하지만,
말벗 한 번에 30만원하고,
돈, 전관예우, 권력에 의해
판결 결과가 뒤바뀌지 않는
나라를 만들어 주시겠죠?

정녕 법 앞에서만은 우리나라 국민 누구나
평등한 나라를 만들어 주세요.

번뇌 82.

당신께서 우리나라 대통령(국회의원) 님이시라면,

창의력, 문제해결력, 고등정신력을
기르는 교육이 아니라
선행(先行)학습과 반복학습으로

붕어빵에 붕어 없듯,
창의력과 문제해결능력이 없는
가짜 내지 유사(類似) 영재를 만드는
속빈 강정 같은 교육 이젠 그만 두게 하시겠죠?

번뇌 83.

당신께서 우리나라 대통령(국회의원) 님이시라면,

'엄마 친구의 딸을 이기자',
'지하철 2호선을 타자',
'30분 공부 더하면 신랑의 얼굴이 바뀐다',
담임 선생님 얼굴을 걸어 놓고 '지켜 보고 있다',
'YES(연세, 이화, 서강대) 대로 가자',
'SKY(서울대, 고려대, 연대) 대로 가자'는
급훈과 좌우명으로
사람됨의 교육보다 자리차지하기 교육이
사라지게 해 주시겠죠?

번뇌 84.

당신께서 우리나라 대통령(국회의원) 님이시라면,

위 〈번뇌 83〉의 급훈이

'자신감으로 말하고, 열정으로 실천하자

(전남 순천고 : 전남 아름다운 급훈 1위작)',

'사랑을 실천하는 6반!

(폐지와 용돈을 모아 사회복지공동모금회에

희사해 급훈 실천한 예)'

같은 급훈으로 바뀌는 교육,

그런 나라를 만들어 주시겠죠?

PART 06

멋진 삶, 추한 삶

Se / chung / da / baek
세충다백

번뇌 85.

당신께서 우리나라 대통령(국회의원) 님이시라면,

12대 300년간 부(富)를 누린
경주 교동의 명가(名家) 최진립 부자 같은
삶을 사는 사람을 칭찬해 주시고
그런 노블레스 오블리주(Noblesse oblige)가
꽃피는 나라를 만들어 주시겠죠?

"흉년에는 땅을 사지 마라,
사방 100리 안에 굶어 죽는 사람이 없게 하라,
만(萬) 석 이상의 재산은 사회에 환원하라,
과객(過客)을 후하게 대접하라,
시집 온 며느리들은 3년 간 무명옷을 입어라,
모든 사람이 하나 같이 중하다."며
애민휼민(愛民恤民)하는 높은 시민정신을 가진 사람이
득실득실하게 해 주시겠죠?

노블레스 오블리주(Noblesse oblige)

프랑스어로 "부와 권력과 명성을 가진 귀족은 앞장 서 의무를 지고 책임을 다해 모범을 보인다"는 뜻.

번뇌 86.

당신께서 우리나라 대통령(국회의원) 님이시라면,

우리나라도 부자들이 재산을 사회에 환원하는
아름다운 문화를 만들어 주시겠죠?

86-1. MS 회장 빌 게이츠(Bill Gates)는 세계 최고 부자로

재산이 80조원이 넘는다지요.
(참고로 우리나라 2016년 정부예산은 약 400조원)
빌 게이츠는 창조적 자본주의(Creative Capitalism)를
주장했는데, 쉽지는 않지만 기업이 추구하는
'이윤극대화'라는 경제적 목표(창조)와
'사회적 가치' 목표(나눔)를
동시에 달성하는 '행복한 동반성장'!

그것은 전 세계적으로 불평등이
심화되는 양극화의 현실 속에서
자본주의의 혜택이 모든 사람들에게
골고루 돌아가는 상생(相生)의 시스템으로
'기업이 참여하는 자선'을 의미한다지요.

빌 게이츠는 2009년에 부인과 함께

'빌 앤드 멜린다 게이츠 재단'을 설립하고,
3,000억 달러 이상을 기부해
역사상 가장 위대한 자선사업가가 되었지요.

세계 3위 부자인 워런 버핏(Warren Buffett)이
여기에 동참하면서
현재 재단의 자산 규모는
6,000억 달러를 넘는다지요.

게이츠 부부는 사후(死後) 자녀들에게
1,000만 달러(약 100억)를 상속하고
나머지는 모두 기부하겠다라고도 발표했지요.
빌 게이츠의 자선이 돋보이는 것은
제 3세계의 가난한 나라의 가난과 질병 등
아주 시급한 곳에 집중하고 있다는 것이지요.

게이츠의 아버지는
2003년 부시 행정부가 상속세(相續稅)를
폐지한다고 하자, 부자들의 상속세를 더 올리라며
백악관 앞에서 시위를 했지요.
그는 변호사로서 시애틀 최고의 법률회사를 운영했지요.
그런 그가 "내가 만일 아들 게이츠에게

막대한 재산을 물려 줬더라면

이마 오늘의 게이츠는 없었을 것이다."고 말했다지요.

그 아버지에 그 자식!

86-2. 록펠러, 카네기에 이어

미국 역사상 세 번째 부자였던

철도왕 밴더빌트는 1억 달러의 유산을 남겼다지요.

당시 미국 국립은행들의

총 예금액이 8억 3,400만 달러였으니

그 10%를 넘는 밴더빌트의 유산은 엄청나지요.

밴더빌트가 죽은 지 100년쯤 뒤인

1973년 그가 세운 밴더빌트대학교에

그의 후손 120명이 모였는 데,

그 중에 재산이 100만 달러가 넘은

사람은 한 명도 없었다고 하네요.

밴더빌트의 손자는

"많은 유산은 행복 추구를 막는 방해물이 되었다."고

털어놓았다지요.

86-3. 미국 강철왕 앤드류 카네기는

초등학교 졸업의 성실한 정원 청소부

찰스 쉬브를 자기 후계자로 삼았으며,
죽으면서 재산을 사회에
환원해 명예로운 이름을 남겼고,
록펠러는 록펠러 재단을 만들어 사회에 공헌하고,
자식들에게 부(富)를 관리하는 법을
철저히 가르쳤다지요.

86-4. 홍콩의 세계적인 영화 배우 성룡은,
자신의 전 재산 3,400억을
사회에 환원하겠다고 해
사람들을 놀라게 했었지요.
그는 "아들이 유능하면
유산(遺産)이 필요 없을 테고,
거꾸로 무능하면
탕진해 버릴 것이기 때문에
아들에게 유산을 물려 주지 않겠다."해
우리를 감동시켰지요.

번뇌 87.

당신께서 우리나라 대통령(국회의원) 님이시라면,

이런 의사 선생님이 많이 나오도록 격려해 주시겠죠?

경성의전을 나와 평양에서 의사로 일하다
1950년 단독 월남해 복음병원, 청십자 병원을 설립해
평생을 피란민과 행려병자 등 가난한 이웃을 위해
인술을 베풀었고,
그가 설립한 청십자 의료조합이
국내 건강보험의 효시(嚆矢)되게 했던 장기려 박사!

1987년부터 20여 년간 서울 신림동과 영등포역
인근의 노숙자 등을 돌보는 데 자신을 던져
영등포 슈바이쳐로 불리며,
43만 명을 보살핀 선우경식 요셉의원 원장!

1974년 경희대 의대를 졸업하고 군의관 복무를 한 후,
영동병원 내과 과장을 하며
1987년부터 주말마다 장애인 시설에서 의료봉사를 하다,
1991년 개업 후에도 지속적으로 봉사활동을 해,
제30회 보령의료봉사상 대상을 받은
노숙인(露宿人)의 주치의 박용건!

인제대 의대를 졸업한 뒤
군의관으로 복무를 마치고 성직자의 길을 걷다가,
2001년부터 아프리카 오지(奧地)인 남수단 톤즈에서

봉사활동을 펼치다 대장암으로 숨진 이태석 신부!

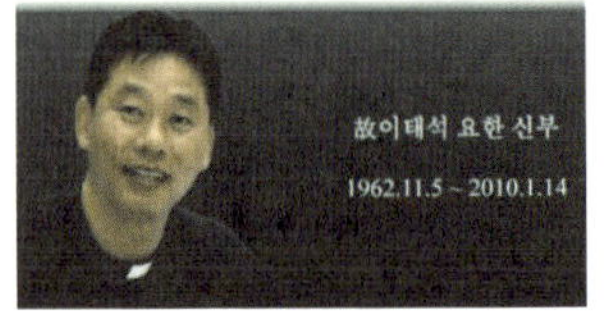

번뇌 88.

당신께서 우리나라 대통령(국회의원) 님이시라면,

일생을 바쳐 대동여지도(大東輿地圖)를 만든
고산자 김정호(金正浩, 1804~1866) 선생처럼,
무인도(無人島)로 아무 쓸모가 없던
경상남도 외도(外島)를
아름다운 섬으로 만든 이창호 선생처럼,
전남 장성 축령산에 편백나무 숲을
만든 임종국 선생처럼,

일생일로(一生一路)의 삶을 사는 사람들이
뿌듯해 하는 나라를 만들어 주시겠죠?

번뇌 89.

당신께서 우리나라 대통령(국회의원) 님이시라면,

군대에 못 갈 정도로 몸이 아프고

신체가 허약해 병역을 면제받은 사람이,
그 어렵고 힘들다는 사법시험에 합격하고,
멀쩡히 사회활동을 하고
훗날 고위직(高位職)에
오르는 사람이 없게 해 주시겠죠?

눈이 나빠 군대에 못 간 사람이
우리나라 최고 시험인 사법시험에 합격하고
대법관을 하고 1인지하, 만인지상의 자리에 올랐지요.
어떤 판사와 검사는 신체검사에서 1급 현역병
입영대상 판정을 받았지만,
'질병'을 이유로 입영을 연기한 후,
기어이 '조울정신병' 판정으로 병역 면제를 받았지요.
조울증 환자라면 판검사는커녕 정상적인
개인생활도 힘들 터인 데,
고등정신능력을 필요로 하는 판사, 검사라니요?

번뇌 90.

당신께서 우리나라 대통령(국회의원) 님이시라면,

거짓으로 신성한 군복무를 면제 받은

사람들을 중용(重用)하지 않으시겠죠?

역사가 짧은 미국이 힘 있는 나라가 된 것은
지도자들의 솔선수범(率先垂範)이라네요.
미국의 명문가(名文家)의 특징은
명문가의 솔선수범이지요.
전쟁이 나도 앞장을 서지 뒤에 숨지 않고,
평등의식이 철저하면서도 리더에 대한
절대적 신뢰와 존경을 잃지 않는 데 있다네요.

그런데, 우린 고위공직자 아들들이
외국 국적(國籍) 취득으로 병역을 면제를 받고,
그리고 돌아와서 또 좋은 자리를 차지하곤 하는 데,
이제 이런 건 종식(終熄)되어야 하지 않겠어요?

어떤 분은 자신은 엄정히 병역의무를 다했지만,
아들의 병역 문제로 2번이나
대통령이 될 수 있음에도 불구하고 못 됐고,
스티브 유(Steve Yoo)란 가수는 병역 의무를 차 버려
우리나라에서 싸늘한 대접을 받았지만,
가수 싸이는 군대에 2번 갔다 왔지요.
ㅎ!~

번뇌 91.

당신께서 우리나라 대통령(국회의원) 님이시라면,

2002년 온 나라가 월드컵 열기(熱氣)로 뜨거워
"대~한민국 짝짜짝짜짝~짜!" 하는
온국민의 응원을 바탕으로 월드컵 4강을 이뤄
온 국민이 승리의 기쁨을 만끽하며
새로운 도약을 위한 국력을 응축할 때,

북한은 동족(同族)의 세계 축제를 축하는커녕
연평해전을 일으켜,
참수리호 정장(艇長) 윤영하 대위를 비롯해
4명은 현장에서 전사(戰死)하고,
조타수 한상국 상사는 2달 뒤
참수리호에서 유해를 수습했고,
박동혁 의무병은 국군수도병원에서
84일간 치료를 받다 사망했지요.

이들에 대해 국가가 너무 무관심하자,
한상국 상사 아내 김한나 씨는 너무 마음이 아파
3년 뒤인 2005년 눈물을 머금고 사랑하는
조국 대한민국을 등지고 이민을 갔다가

3년 후 다시 돌아오는 나라는 만들지 않겠지요?

미국은 100여 년 전 제1차 세계 대전 때,
전사한 병사의 유골(遺骨)을 찾고,
영화 '라이언 일병 구하기'에서는
라이언 일병 한 명을 구하기 위해
6명이 목숨을 걸고 찾아 나서지요.

다행히 2015년 연평해전 6용사는
영화 '연평해전'으로 다시 살아나
1,000만 가까운 국민이 보며, 애국심을 북돋웠지요.
2015년 8월의 북한은 발목 지뢰 사건을 일으키고,
연천에 포격을 가하고,
대북 방송을 중단하지 않으면 공격하겠다고 위협하자,
100여 명의 장병들이 전역(轉役)을 연기하며 나라를 지키겠다고
애국심을 발휘해 얼마나 미덥고 뿌듯했었던가요?

번뇌 92.

당신께서 우리나라 대통령(국회의원) 님이시라면,

북한의 전쟁 도발(挑發) 선포가 있자,

전역(轉役)을 연기하며 나라를 지키겠다고 나선 장병들처럼
군 복무를 자랑스럽게 생각하고
나라를 사랑하는 국민들로 꽉찬 나라를 만들어주시겠죠?

92-1. 2015년 8월,
북한의 지뢰로 우리 군 하사 2명이 발목을 잃고,
연천에 포격을 가하고,
김정은 국방위원회 제1위원장은
노동당 중앙군사위원회 비상확대회의를 열어
우리의 대응 포격을 적반하장(賊反荷杖)으로
우리의 군사도발이라며,
전방지역에 '준전시상태'를 선포하고,
"우리의 최후통첩은 절대로 경고가 아니다,
조선 반도에 최악의 전쟁 상태가 조성됐다."고
엄포를 놓으면서,
8월 22일 17시(남한 시간 17시 30분)까지
우리의 대북 확성기 방송 중단을 요구하며,
응하지 않으면 확성기를 포격하겠다고 하자,
87명 병사와 부사관들이
전역(轉役) 연기(延期)를 자청(自請)하며
조국수호를 결의했었지요.

이렇게 자랑스러운 군인들의 평균 나이는 21.7세!

이들은 2002년 제2 연평해전과
2010년 3월 천안함 폭침과 11월 연평도 포격을
중 · 고등학생 때 보고
자신이 군인(軍人)이 됐을 때 저런 일이 있으면 앞장서
조국을 수호하겠다고 마음 먹으며 성장했다지요.

92-2. SK그룹과 동성그룹이 이 장병들을
사원(社員)으로 채용하겠다고 나섰고,
중견기업연합회는 좋은 회사 취업을
주선(周旋)하겠다고 이들을 응원하니,
2002년 서울 월드컵 때의
"대~한민국, 짝짜짝짜짝~짜!"처럼
온 나라가 뜨겁고 훈훈했었지요.

92-3. 이병(二兵)은 교회에서 졸다 초코파이 받을 때,
일병(一兵)은 신병(新兵)의 경례를 받을 때,
병장(兵長)은 '말년(末年)'이라는 말이 제일 기쁘다고 하지요.
이렇게 기쁜 전역을 코 앞에 두고는
잘못 될세라 가랑잎도 조심해 밟는 판에
우리 87명 병사들은 이를 영광(榮光)으로 받아들여
전역 연기 신청을 했지요.

92-4. 1967년 이스라엘과 이집트 간의 진쟁!

이스라엘이 6일 만에 일방적으로

승리(勝利)했던 '6일 전쟁' 때,

미국에 유학하던 이스라엘 청년들이

앞 다투어 전선에 나가겠다며

귀국했던 일과 같아 너무나도 흐뭇했지요.

92-5. 1968년 1월 21일, 북한군 124군 특수부대가

청와대를 습격했을 때 전군에 전역연기가 있었지요.

이 때는 지금처럼 자발적 연기가 아니라

국가 상황에 따른 비자발적 연기였지요.

전역 특명을 받고 대기 중이던 병사는

열흘쯤 후에 전역했지만

여섯 달이나 지나 전역한 병사도 있었지요.

92-6. 임진왜란 때, 임금은 나라와 백성과 도성(都城)을 버리고

의주로 몽진(蒙塵)을 갔지만,

의병(義兵)과 이름 없는 백성들이 나라를 지킨 것이야말로

남인수의 노래 《삼팔선의 봄》의 노랫말에 있는,

"눈 녹은 산골짝에 꽃이 피누나.

철조망은 녹슬고 총칼은 빛나
세월을 한탄하랴 삼팔선의 봄
싸워서 공을 세운 대장도 싫소.
이등병 목숨 바쳐 나라 지키리"처럼
이 나라는 민초(民草)들이 지켜냈지요.

그래서 고조선, 고구려, 신라 백제의 3국 시대를 거쳐
통일신라시대, 고려시대, 조선시대, 일제 침탈시기,
대한민국으로 국호(國號)는 바뀌었지만,
민족은 언제나 배달(倍達) 민족,
단군(檀君) 할아버지의 자손이었지요.

92-7. 그런데, 아~~~ 이건 뭐란 말인가요?

공군 출신 예비역 부사관이
예비역 공군 중장과 소장을 방패용 바지사장,
얼굴마담으로 고용하여
240억 원대의 전투기 정비예산을 꿀꺽하고,
가짜 명품 소총이 육군의 K-11 복합 소총으로 둔갑되고,
수준미달 최신 전차와 장갑차와 부실 K-9자주포,
AK-47소총에 뻥뻥 뚫리는 불량 방탄복 등의 군 비리(非理).
이런 군(軍)의 부패 비리야말로

이적(利敵) 행위 중의 이적행위지요.
비리는 다 용납할 수 있지만,
군 비리는 더더욱 용납할 수 없지요.

게다가 더 안타깝고 가슴 아픈 것은
백범 김구 선생의 아들인 김신 전 공군참모총장의
둘째 아들인 공군 중위 출신 김0(62) 전 보훈처장이
해군 해상 작전 헬기 '와일드캣(AW-159) 도입과
관련 영국, 이탈리아 합작사 '아구스타'로부터
거액을 받은 혐의로 구속 기소된 것은
충격은 충격 중의 충격이지요.

1974년 박정희 대통령 때부터
율곡 이이 선생의 10만 양병론의
유비무환(有備無患)을 위해
국군의 무기 및 장비의 현대화해
대북 전력 격차를 해소하고
자주국방을 이룩하기 위해 1993년까지
20여 년 동안 천문학적인 액수인
무려 32조원를 투입한 율곡사업
추진과정에서의 엄청난 군(軍)의 부정부패는
어떤 이유로든 용서 받을 수 없는

이적(利敵)행위로,

국가 수호를 위해 전역(轉役)을 연기한 병사와

국립현충원에 있는 20여만 기(基)의

호국(護國) 영령(英靈)들에겐 면목이 없는 일이요,

매국(賣國) 행위지요.

감사원 감사결과에 따르면, 그것도 국가 방위를 책임진

이00, 이0 국방장관, 한00, 김00 공참, 해참총장,

김00 청와대 외교안보수석 등

군 고위급 출신들의 군 부정과 부패여서

이거야 말로 '고양이한테 생선 가게를 맡긴 꼴'이니

이들에게 국방(國防)을 맡긴 선량(善良)한 국민들은

참으로 공황(恐惶)상태일 뿐이지요.

2015년 9월 17일자 보도엔,

국정감사에서 전투기 조정사들의 안전을 위해

1,324억 짜리 공군 전자전 훈련장비(EWTS)가

도입 3년간 329차례 고장 나

주요 목적을 달성할 수 없다고 하며,

이 부실도 방위사업 비리(非理)와 관련이 있고,

KF-X 사업도 국민들은 신뢰할 수 없으니

일반인의 이적행위도 말이 안 되는 데,

군이 어떻게 이렇게 이적(利敵)행위를 할 수 있나요?

PART 07

아빠, 삼촌 일자리 좀 나눠 줘요

– 행복지수와 행복

Se/chung/da/baek

세충다백

번뇌 93.

당신께서 우리나라 대통령(국회의원) 님이시라면,

누구든 이 땅에 목숨 받고 태어나면,
'요람에서 무덤까지'
삶이 두렵지 않은 나라를 만들어 주시되,
과도(過度)한 복지로 인해 나라가 망하는
그리스처럼은 만들지 않으시겠죠?

그리고 당신께서 우리나라 대통령(국회의원) 님이시라면,
고단한 삶의 국민들을 위해
가끔은 울어 주시기도 하고,
웃음도 선물해 주시겠죠?

번뇌 94.

당신께서 우리나라 대통령(국회의원) 님이시라면,

"돈 없고 몸 아프고 공부 못하고 취업 못해서"
경제협력개발기구(OECD) 회원국 중
11년째 '자살률(自殺率) 1위'라는
슬픈 우리나라의 '불명예'를 씻어 주시겠죠?

'자살(自殺)'을 거꾸로 하면, '살자'가 되고,
자살하는 사람의 심정은 자살 하고 싶은 게 아니라,
'지금과 다른 게 살고 싶다'는 것이고,
지금과 다르게 살 수 없어 자살하는 거라네요.
그러므로 이걸 긍정적으로 보면,
우리 국민의 높은 자살률은 '더 잘 살 고 싶다'는
높은 의지를 드러내는
웅변(雄辯)으로도 볼 수 있지 않을까요?

그러니, 대통령 님, 국회의원 님!
우리 국민이 비록 돈 없고,
몸 아프고,
공부 못하고,
취업 못한다고,
자살하지 않도록 희망을 주시고, 도와 주세요.
그래서 세계 자살율 1위 가 아니라
행복지수 1위인 나라를 만들어 주세요.

우리나라가 왜 돈이 없나요?
우리는 지금 단군(檀君) 할아버지께서
우리나라를 건국한 이래 최고로 잘 살고 있고,
세계 200개가 넘은 나라 중

10번째로 잘 사는 나란데요?

그리고 60년 전 우리에게 선진의료기술을
가르쳤던 미국 미네소타대 병원 의료진 30명이
2016년 우리나라 서울 아산병원 외과 이승규 교수팀에게
생체 간 이식 기술을 배우러 올 정도로
세계적인 의료 선진국이고,
건강보험이 최고로 잘 된 우리나라에
왜 몸이 아프다고 자살해야 하나요?
왜 공부 못한다고, 취업 못했다고 자살해야 하나요?
그러려고 태어났나요? 태어났을 땐,
"Happy birthday to you!
Happy birthday to you!
Happy birthday to you!"하며
얼마나 축복을 받았는 데요?
"당신은 사랑 받기 위해 태어난 사람"이란
축복의 찬송도 받았는 데요.

번뇌 95.

당신께서 우리나라 대통령(국회의원) 님이시라면,

늙은 게,

노인(老人)이 된 게
죄(罪)되는 나라가 아니라,
평생(平生)을 바쳐 이 나라를 일으키고
사랑한 '자랑'이 되게 해 주시겠죠?

번뇌 96.

당신께서 우리나라 대통령(국회의원) 님이시라면,

이 땅에 목숨을 받고 태어나면,
비록 가난하고 힘 없고 보잘 것 없는
사람이라 하더라도,
억울함이 없이 살다 죽어서,
천상병 시인의 『귀천(歸天)』처럼
'대한민국 소풍' 아름다웠다고 말하게 해 주시겠죠?

나 하늘로 돌아가리라.
새벽빛 와 닿으면 스러지는 아침 이슬 더불어
손에 손잡고나 하늘로 돌아가리라.
노을빛 함께 단 둘이서기슭에서 놀다가
구름 손짓하면은
나 하늘로 돌아가리라.

이 세상 소풍 끝나는 날

가서, 아름다웠다고 말하리라.

(가서, 대한민국 소풍 아름다웠다고 말하게 하소서.)

번뇌 97.

당신께서 우리나라 대통령(국회의원) 님이시라면,

못 배우고 가진 게 없어
자기 몸뚱아리 하나 제대로 간수할 힘이 없어도
서럽고 쓸쓸히 죽어가는
국민이 없도록 해 주실 거죠?

97-1. 2014년 2월, 송파 세 모녀는,
큰딸의 만성 질환과 어머니의
실직으로 인한 생활고에 시달리다가
"정말 죄송합니다"라는 메모와
함께 갖고 있던 전 재산인 현금 70만원을
집세와 공과금으로 놔두고
번개탄을 피워 자살했었지요.

세 모녀는 부양 의무자 조건 때문에
국민기초생활보장제도의 도움을
받지 못하고 있었고,
세상에 빚을 지기 싫다는 이유로
전 재산을 남겨두고 자살한 것으로 보아,
정부로부터 도움을
받을 방법을 알아보지 않았으며,
긴급복지지원제도가 있는 줄 몰랐다네요.

정부에선 취약계층을 찾아 지원을 하는
제도를 운영하고 있지만,
세 모녀는 세상에 빚을 지기 싫다며
꼬박꼬박 공과금을 제때 내왔기 때문에
관할 기관인 해당 구청에서는
세 모녀에게 지원이 필요하다는 것을 알지 못했다네요.

이로써 이른바 '세 모녀 법'을 만들어,
이런 서글픈 사태를 예방하려고 법을 만들고 있지만,
정말로 안타깝기 이를 데 없네요.

97-2. 2015년 5월 22일엔, 부천의 미혼(未婚) 세 자매가
각각 종이에 두세 줄씩 볼펜으로

'사는 게 힘들다. 편하게 가고 싶다.
화장해서 뿌려 달라'는
내용의 유서를 남기고 숨진 채 발견됐었잖아요?

숨진 세 자매는 다섯 자매 중 셋째, 넷째, 다섯째인 데,
셋째(33 · 여)와 넷째(31 · 여)는
아파트 주차장 입구 바닥에서,
다섯째(29 · 여)는 아파트 안방에서 숨져 있었다지요.

경찰이 고용보험공단에 확인한 결과에 따르면,
숨진 셋째만 10여 년 동안
어린이집에서 보육교사로 일했고,
나머지 두 명은 지금까지
취업한 적이 없었다고 하네요.

97-3. 2015년 7월 10일(금),
서울 강북구 수유동의 83세 할머니가
자신의 빌라 3층에서 사망하고,
87세 언니는 그 옆에서 탈진해 쓰러져 있는 것을
닷새가 넘어 알게 된 조카의 신고로 알려졌었지요.

독거(獨居) 노인이 아니어서

구청도 동사무소도 챙기기 않아
시신(屍身)이 부패돼 있었다지요.
87세 언니 할머니는 미혼(未婚)이었고,
동생 할머니는 결혼했으나 남편과 사별하고
치매(癡呆)를 앓고 있었다고 하지요.

97-4. 마포구(麻布區) 합정동에 사는 박 모 할머니(81)는
정신장애 2급 판정을 받은
50대 아들 둘을 돌보며 살아왔는 데,
2015년 8월 21일 ,
합정동 근처의 가파른 골목길에서 넘어져
다리를 심하게 다쳐
동작구의 한 요양병원에 두 달 입원해 있는 동안
밥솥의 쌀은 썩어 있었고,
집은 쓰레기 더미로 변했고,
정신장애 두 아들 중, 작은 아들은 먹지 못해
지병(持病)이 악화돼 세상을 떠났고,
큰 아들은 동생 옆에 쓰러져 있었다네요.

합정동 노모(老母) 박 할머니는,
"머리가 모자라는 건 아들이 아니라 나야,
내가 죄인(罪人)"이라고 자책하며,

"집에 쌀이 있고,
2~3일에 한 번씩 근처 수퍼에서
김이나 고추장 같은 반찬을
갖다 주기로 해서 괜찮을 줄 알았는데
이렇게 됐다"며,
"우리 애가 배고픔 속에서 죽어간 것을
생각하면 마음이 찢어진다"고 했다지요.

박 할머니는 매달 받는 기초생활수급비와
가끔 폐지를 모아 판 돈으로
정신장애 두 아들을 돌봐 왔는 데,
박 할머니가 입원하게 되자,
박 할머니 가족의 복지 지원을 담당한 구청은
"두 아들을 정신병원에 입원시키자."고
권유했지만, 박 할머니는 "아이들이 불쌍하다."며,
받아들이지 않았다고 하네요.

박 할머니는 "젊어서 아들들을 정신병원에
몇 번 보냈던 적이 있는데,
너무 힘들어 해, 지금껏 데리고 살아 왔다."면서,
"80이 넘어 언제까지 큰 아들을 돌볼 수
있을지 모르겠다."며 한숨을 내쉬었다지요.

번뇌 98.

당신께서 우리나라 대통령(국회의원) 님이시라면,

고졸(高卒)과 대졸(大卒)을 차별해
채용 단계에서부터 높은 콘크리트 장벽으로
가로 막듯 가로 막고, 임금 차별로
대학 진학을 부추기는 사회를
학력과 경력을 같게 해,
누구든지 능력에 따라 공정한
대접을 받게 해 주시겠죠?

번뇌 99.

당신께서 우리나라 대통령(국회의원) 님이시라면,

대학 졸업생 4명 중 1명이 학력 과잉(過剩)으로
고졸(高卒) 자리에 취업해
하향취업률 24%로 OECD 평균의
3배나 되는 현상을 끝내 주시겠죠?

이렇게 하향 취업하면서도 대졸 백수가 300만 명을 넘어서,
하향 취업이나 신위장 취업으로도 일자리를 구하지 못해

"대학 졸업하면 뭐하노? 백순데…"하며,
아예 노동시장 밖에 머물고 있는 현상도 끝내 주시겠죠?

번뇌 100.

당신께서 우리나라 대통령(국회의원) 님이시라면,

우리나라, 우리나라 중에서도 서울로만 집중하지 않고,
이제는 진취적 기상으로 외국(外國)으로 눈을 돌리도록 해,
우리나라 4분의 1 밖에 되지 않는 네덜란드가
태평양 한 가운데 식민지 섬을 차지한 것처럼,
우리나라 강원도만 해 '보이는 나라'는 작지만,
미국의 정치계, 금융계, 학계에
이스라엘 엄청난 수의 인재들이 포진하고 있어
'보이지 않는 나라'가 큰 이스라엘처럼,
영국이 바다로 나가 "해가 지지 않는 나라"가 된 것처럼,
우리나라 젊은이들이 개척 정신으로
세계를 향해 나가 성공하도록 지원을 아끼지 않으시겠죠?

100-1. 지금 외국으로 나가는 젊은이들은

옛날 서독으로 간 광부나 간호사,
중동으로 간 노동자가 아니라,

우리보다 잘 사는 나라에는 근로자로,
우리보다 못 사는 나라엔
지도자로 나가는 것이지요.
이렇게 이 땅에서만이 아니라
외국으로 나가는 젊은이들에게
농촌 젊은이에게 '영농자금'을,
젊은 벤처기업인에게 '벤처자금'을 주듯,

'개발 · 개척 자금'을 줘 외국으로 내 보낸다면,

마치 130년 전 26살 언더우드와 27살 아펜젤라가
'고요한 아침의 나라' 우리나라에 와
교회를 세우고,
병원을 세우고,
대학을 세웠던 것처럼
되지 않을까요?
이렇게 '해외개척 벤처자금'을 받아
우리보다 못한 나라에 가서 성공한다면,
우리의 국력(國力)이 해외로 뻗어
마치 이스라엘처럼 '보이는 나라'는 작지만,
'보이지 않는 나라'는 큰 나라가 되겠지요?

우리나라에서의 삶이 힘들어 자조적으로 하는
'탈 조선'이 아니라 '개척자 정신'으로 '탈 조선'해요.

100-2. 언더우드(1859~1916)

언더우드 (Horace Grant Underwood)

26살의 청년 선교사 언더우드는 1800년대 말,
알렌 박사의 제중원(濟衆院) 일을 도우려
우리나라가 어디에 있는 지,
어떤 나라인지도 잘 모르는,
캄캄한 시절 자그마한 동방(東方)의
아름다운 우리나라를 찾아와
선교사로 복음을 전파하고,
경신학교와 연세대 전신인 연희전문을 세우고,
의료 사업으로 세브란스를 세우고,
영한(英韓) 및 한영(韓英) 사전을 만들었지요.
그래서 연세대학교 본관 앞 정원엔
그를 기리는 동상(銅像)이 서 있지요.

100-3. 아펜젤라(1858-1902)

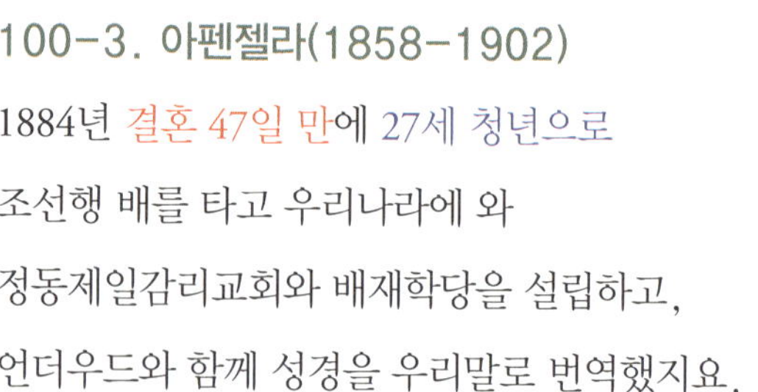
1884년 결혼 47일 만에 27세 청년으로
조선행 배를 타고 우리나라에 와
정동제일감리교회와 배재학당을 설립하고,
언더우드와 함께 성경을 우리말로 번역했지요.

1902년 목포에서 열리는 성경번역위원회 참석 차
배를 타고 가다가
군산 앞 바다에서 선박 충돌 사고로 세상을 떠
시신(屍身) 수습도 못했다지요.
이렇게 희생봉사의 삶을 통해
우리나라를 개명개화(開明開化)시킨
선구자(先驅者)였지요.

번뇌 101.

당신께서 우리나라 대통령(국회의원) 님이시라면,

"아빠, 삼촌 일자리 좀 나눠 주세요!"라는
처절한 일자리 싸움이 없도록 해 주시겠죠?

청년 일자리는 우리나라의 교육수준이
높아지면 높아질수록,
기술이 발전하면 할수록
더 없어질 것 같네요.
교육수준이 높아지면 높아질수록 지금 외국인 근로자가
담당하는 일은 차마 할 수 없고,
기술이 발전하면 할수록 점점 고성능의 기계가 만들지고그

그 기계가 일자리를 빼앗기 때문일 것 같네요.

그럼 어떻게 해야 일자리를 늘릴 수 있을까요?

답은 교육경쟁력을 높여 고급 인력을 기르고
이 고급 인력의 해외진출과
그 인력이 개척한 해외기업으로의 고용과
평균적 임금구조로의 개편으로
더불어 사는 지혜 밖에 뭐가 있을까요?

번뇌 102.
당신께서 우리나라 대통령(국회의원) 님이시라면,

임금 피크(Peak)제니 뭐니 하면서
한창 아이들 기르며 돈이 많이 드는 때의
사람들의 임금을 깎아,
교육 중동무이로 가난을 대물림하게 하는 것이 아니라,
대기업 CEO, 개인 고액 수익자,
비록 샐러리맨이라고는 하지만
연봉이 10억 원 이상 되는 고액 연봉자,
잘 나가는 연예인이나 스포츠 영웅처럼

계약금과 연봉으로 몇 100억 원씩 버는 사람의
임금을 조정하고, 부사들이 세금을 더 많이 내도록 해
더불어 함께 잘 사는 사회를 만들어 주시겠죠?

금융감독원은 전자공시를 통해 대기업
2014년 등기임원들의 연봉을 공개했는 데,
000 S0그룹 회장은 그룹 계열사로부터
301억 원의 보수를 받았고,
000 00차그룹 회장도 140억 원의 급여를 지급받네요.
'자본시장법'은 사업보고서를 제출해야 하는
기업의 등기이사 가운데 연봉 5억 원이 넘는
인사(人士)들에 대해서만 연봉 공개를
의무화했기 때문에 재계 1위 기업인
삼성전자 000 회장 등
일부 대기업 오너(Owner) 경영자의 연봉은
공개되지 않았지요.
그런데, 이 분들의 연봉이 공개되면
아마 임칭나지 않을까요?

그룹사가 아닌 개별 기업인
000 S0 0000 사장의 연봉은 18억6천700만원으로
통상 6천만~7천만원 안팎으로 집계되는

직원 평균 연봉보다 30배 많다지요.

등기임원 연봉 공개 소식에 누리꾼들은,
"등기임원 연봉 공개, 많다",
"등기임원 연봉 공개, 언제 저 돈 만져보나",
"등기임원 연봉 공개, 최고다!",
"등기임원 연봉 공개, 부럽다" 등의
반응을 보였다고 하네요.

SS전자 000 대표이사 67억 7,300만원,
SS전자 000 대표이사 62억 1,300만원,
SS전자 000 대표이사 50억 8,900만원,
HK 철강 000 전 부회장 44억 9,900만원,
SS물산 전 대표 44억 7,000만원,
S0 00웍스 000 전 대표 41억 2,400만원,
SS전자 000 전 대표 39억 7,000만원,
SS전자 000 사장 37억 3,400만원,
0웨이 000 전 대표 33억 3,096만원,
DW건설 000 전 대표 32억 800만원,
00모직 000 전 대표 31억 7,000만원,
C0 000 전 대표 30억 7,800만원,
000씨엔씨 000 부사장 30억 1,019만원,

K0 000 전 대표 29억 7,900만원,
SS엔지니어링 000석 전 대표 29억 6,800만원,
SS디스프 레이 000 전 대표 28억 5,100만원,
SS카드 000 전 대표 28억 3,300만원,
SS전기 대표이사 26억 3,600만원,
SS SDS 000 전 대표 25억 7,100만원,
SS SDS 000 부사장 25억 6,500만원,
0000 재보험 000 전 대표 176억 2,573만원,
000 손해 보험 000 전 대표 54억 2,500만원,
0000 은행 000 은행장 28억 8,700만원,
00카드 000 대표 26억 1,100만원,
SS생명 000 전 부회장 25억 1,700만원,
SS화재 000 전 대표 18억 9,300만원,
00금융지주 000 회장 13억 9,000만원,
00금융지주 000 회장 13억 3,800만원

주요 대기업 5억원 이상 연봉 등기 임원수는
삼성 59명, 현대차 22명, SK 21명,
LG 20명, 롯데 15명, 한화 11명,
GS 11명, 현대중공업 8명, 한진 4명이라네요.

그런데, 이런 대기업 임원들이 경우

판공비를 한도 없이 쓸 수 있어

공개된 연봉은 빙산의 일각이라지요.

– 신문 기사 인용 –

번뇌 103.

당신께서 우리나라 대통령(국회의원) 님이시라면,

3포, 5포, 7포 세대라며,
연애도 결혼도 출산도 포기하는
이 나라 젊은이들을 위해
적극적으로 일 자리를 창출해 제공하고,

형편과 조건을 따지고 따져서
신중하게 결혼을 하고도 이혼을 하고,
이혼율이 높은 걸 감안한다면,
고육지책(苦肉之策) 내지 궁여지책(窮餘之策)으로
'사다리 타기(?)'를 해서라도
짝을 짓지 못하는 젊은이들이 짝을 짓게 해
결혼을 포기하지 않게 해 주고,
저출산 문제도 해결해 주시겠죠?

번뇌 104.

당신께서 우리나라 대통령(국회의원) 님이시라면,

자타(自他)가 알아주는 연봉(年俸) 얼마 이상,
사회적으로 선망(羨望) 받는 직업,
내 삶이 아니라 '다른 사람이 나를 어떻게 볼까?'
하는 허위 의식으로 선택하는 하는 직업이 아니라,
내가 하고 싶은 일, 내가 잘하는 일을 해도
괜찮을 뿐만 아니라
그런 삶이 '최고 가치 있는 삶'이라고 믿고 사는
사람들이 행복한 나라를 만들어 주시겠죠?

번뇌 105.

당신께서 우리나라 대통령(국회의원) 님이시라면,

불광불급(不狂不及 : 미치지 않으면 이르지 못한다)는
정신으로 신나게 일하는 사람들이
성공 신화(神話)를 쓰는 사회를 만들어주시겠죠?

국민들이 자기 성취를 위해 1만 시간을 바치는 나라,
논어(論語)의 말씀 대로,

국민 누구나 새로운 것을 알고자 하고,

그것을 좋아하게 하고,

즐기다 보니 성공하는 사회

(知之者 不如 好之者,

好之者 不如 樂之者)를 만들어 주시겠죠?

그런 면에서 경남 거창고등학교의

"직업 선택 10계명"은

시간이 갈수록 멋지다고 생각되네요.

① 월급이 적은 쪽을 택하라.

② 내가 원하는 곳이 아니라
나를 필요(必要)로 하는 곳을 택하라.

③ 승진(昇進)의 기회가 거의 없는 곳을 택하라.

④ 모든 조건이 갖추어진 곳은 피하고
처음부터 시작해야 하는 황무지(荒蕪地)를 택하라.

⑤ 앞을 다투어 모여드는 곳을 절대 가지 마라.

⑥ 장래성이 없다고 생각되는 곳으로 가라.

⑦ 사회적 존경을 바랄 수 없는 곳으로 가라.

⑧ 한 가운데가 아니라 가장자리로 가라.

⑨ 부모나 아내가 결사반대를 하는 곳이면 틀림없다.
의심치 말고 가라.

⑩ 왕관(王冠)이 아니라
단두대(斷頭臺)가 기다리고 있는 곳으로 가라.

번뇌 106.
당신께서 우리나라 대통령(국회의원) 님이시라면,

우리도 수준 높은 중산층(中産層) 의식을
갖는 나라를 만들어 주시겠죠?

항간(巷間)의 우리나라 중산층은,

① 부채 없는 30평 이상의 아파트 소유하고
② 500만원 이상의 월급여를 받고
③ 2,000cc급 중형차 소유하고
④ 1억원 이상 예금 잔고가 있으며
⑤ 1년에 해외여행을 1번 이상 다녀야 한다네요.

미국 공립학교에서 가르치는 중산층의 기준은,
① 자신의 주장을 떳떳하게 말할 수 있고,
② 사회적 약자를 돕고,
③ 부정과 불법에 저항하고,

④ 테이블 위에 정기적으로 구독하는
비평지가 항상 놓여 있어야 한다네요.

퐁피두 대통령이 '삶의 질'에서 제시했다는
프랑스의 중산층 정의는,
① 외국어 하나 정도는 할 수 있어야 하고
② 직접 즐기는 스포츠가 있어야 하고
③ 다룰 줄 아는 악기가 있어야 하며
④ 남들과 다른 요리를 만들 수 있어야 하고
⑤ '공분(公憤)'에 의연히 참가하고
⑥ 약자를 도우며 꾸준히 봉사활동을
하는 사람들이라고 하고요,

영국의 중산층 정의는,
① 페어 플레이를 하고것
② 자신의 주장과 신념을 갖고
③ 독선(獨善)적 행동을 하지 말며,
④ 약자(弱者)를 두둔하고 강자(强者)에 대응하며,
⑤ 불의, 불평, 불법에 의연히 대처하는 것이라네요.

우리도 이젠 재산(財産)만이 아니라
충효인의예지(忠孝仁義禮智)에

높은 준법, 희생봉사정신을 바탕으로 하는
우리의 '선비 정신'이 중산층이었으면 좋겠네요.

번뇌 107.

당신께서 우리나라 대통령(국회의원) 님이시라면,

등골 휘어야 직성이 풀리는 일부 국민들의
허영심(虛榮心) 문화를 바로 잡아주시겠죠?

100만 원 정도 하는 노스 페이스 다운 점퍼가
부모들의 등골을 휘게 하는 '등골 브레이크'에서,

100만 원을 넘어 300만 원 정도 하는
'캐나다 구스'와 '몽클레르'를 합친 '캐몽'이
'등골 브레이크' 자리를 이어 받더니,

이젠 100만원이 넘는 고가(高價)의 자전거가
청소년 사이에서 인기를 끌면서
'신(新)등골 브레이커'라는 말까지 생겨났다네요.
좋은 자전거는 상상을 초월할 만큼 비싸,
카본 프레임에 고급 구동계를 장착한 것은

300만 원대에서 500만원이 넘고,
1,000만 원대 자전거도 있다고 하네요.

10억 원 이상으로 호가(呼價)하는
황제급 마이바흐(독) 비롯해 롤스로이스(영),
7억 원 하는 제왕급 람보르기니(이), 부거티(프),
귀족급 포르쉐(독), 페라리(이),
고위직급 벤츠(독) 등의 외제 자동차.

이에 질세라 3초에 하나씩 팔려 '3초 백'이라는
루이뷔통 백(Louis Vuitton, 프),
1,000만 원이 넘는 에르메스 백(Hermès, 프),
500만원이 넘는 샤넬 백 클래식(Chanel, 프)
보테가 베네타 매쉬 백(Bottega Veneta, 이)
구찌 백(Gucc, 이), 까르띠에 백(Cartier, 프).

모든 면에서 가장 뛰어나 1억을 호가하는
파텍필립(스) 시계부터 바쉐론 콘스탄틴(스)브레게 클래식(스), 글라슈테 오리지날(독일)아 랑게 운트 조네(독), 롤렉스(스)그랜드 세이코 (일), 오메가(스)까르띠에(프), 보메 & 메르시에(스).

남에게 대단하게 보이고 과시(誇示)하는

후광(後光)효과를 위한 이런 '등골 브레이크'보다는
사람 됨됨이를 소중하게 생각하고, 실속 있으며,
따사로운 인간관계가 우선하는
사회였으면 얼마나 좋을까요?

이젠 수입 고가 명품(名品)에 목매는 게 아니라
외려 우리 아이디어와 우리 기술로
고가(高價) 명품을 만들어 팔아
고부가가치를 창조하는 나라로 만들어 주시겠죠?

번뇌 108.

당신께서 우리나라 대통령(국회의원) 님이시라면,

우리나라 국민들의 행복지수를
세계 최고로 높여 주시겠죠?

108-1. 유엔(UN)이 2012년부터 시작해
2015년 올해로 3회째 발표한
세계 158개국의 국민 행복도에서
우리나라는 2013년 41위에서
6단계 하락한 47위를 차지했네요.

일본은 46위, 중국은 84위고요.

유엔은 국내총생산(GDP), 관용의식,
기대수명, 정부와 기업의 부패 지수 등
5개 항목을 0~10점까지 점수를 매겨
합산한 결과로 행복지수를 산출하는 데,
가장 행복한 나라는 스위스였다네요.
2위는 아이슬란드, 3위는 덴마크라네요.
4위 노르웨이, 5위 캐나다, 6위 핀란드,
7위 네덜란드, 8위 스웨덴, 9위 오스트레일리아
10위 뉴질랜드, 11위 이스라엘, 12위 코스타리카
13위 오스트리아, 14위 멕시코, 15위가 미국인 데,
상위 10국엔 유럽이 7개국으로 가장 많네요.
토고(158위)는 2013년에 이어 연속 최하위라네요.

108-2. 2015년 10월 19일 경제협력개발기구(OECD)의
'2015 삶의 질(How's life?)' 보고서에 따르면,
우리나라는 세계 금융위기 이후 지표를 따졌을 때,
물질적 삶은 나아졌지만
삶의 질(質)은 바닥 수준인 것으로 나타났다네요.
우리나라의 가구당 순가처분소득,
금융 자산, 고용 등은 금융위기로 휘청거린

2009년 이후 가계 수입 · 금융 자산 · 고용의 증가,
장기 실업률 감소 등 대부분의 물질직 웰빙 지수가 좋아져
독일과 함께 우리나라는 금융위기 이후
물질적 토대가 나아진 대표적인 나라로 꼽혀
물질적 토대는 좋아졌지만,
사람들이 체감하는 삶의 질은
OECD 국가들과 비교할 때 낮은 수준이라고 했지요.
그래서, 우리나라는 사회관계망, 건강 만족도, 대기질 부분에서
꼴찌를 기록했고,
안전하다고 느끼는 정도도 최하위권이었다네요.

108-3. '세계에서 제일 행복한 나라 부탄(Bhutan) 공화국!'
'첫 눈이 오는 날'을 국경일(國慶日)로 지정한 나라!
1인당 국민소득 2천 달러지만 행복지수 세계 1위인 나라!
부탄은 히말라야 산맥 동단부에 있는
인도의 보호국(保護國)으로
중국과 국경을 접하고 있는데,
중국과의 사이는 매우 좋지 않다네요.
그래서 부탄은 인도에게 국방과 외교를
위임한 특이한 정치 구조로
중국과 부탄의 국경에는
인도의 수비대가 주둔하고 있다지요.

1972년 17세의 나이로 제4대 국왕으로
즉위한 지그메 싱기에 왕추크
(Sigme Singye Wangchuck)가
1998년 도입한 "GNH(Gross National Happiness)",
즉 '국민총행복지수'에 따라
'국민 행복만이 모든 것의 기준이 되는 나라'라네요.
부탄의 행복 측정은
'경제, 문화, 환경, 정부' 등 4개 항목에,
심리적 웰빙, 시간 활용, 공동체의 활용, 문화,
건강, 교육, 생태의 다양성, 생활수준, 통치 9개 영역을
다시 72개의 척도로 나누어 평가한다네요.

부탄은 면적은 남한의 10분의 1에 불과하고,
인구는 72만 명!
2008년 스스로 절대왕정에서
입헌군주제로 전환했으며,
젊은 국왕 지그메 케사르 왕추크(28)는
국민의 절대 지지와 존경을 받는다네요.

문맹률 53%, 1인당 국내총생산(GDP)는
3,000달러에 못 미쳐 가난하지만,
기아(饑餓)가 없는 나라,

병원비는 물론 교육비가 무료(無料)이고,
유학비도 국비(國費)이기에,
전 국민의 97%가 행복하다고 대답해,
영국에 본부를 둔 유럽 신경제재단(NEF)의
2014년 국가별 행복지수 조사에서
우리나라는 143개국 중 중간쯤인 68위인 데,
부탄은 당당히 1위를 차지했네요.

우리나라는 세계에서 10번째로 잘 사는 나라이고,
문맹률 0%, 대학진학률 80%, IT 선진국이며,
교회와 성당과 사찰이 이렇게 많은 데,
국민들의 행복지수는 왜 이리 낮을까요?
그렇지만, 이를 긍정의 눈으로 보면,
그건 절대적 행복보다는
상대적 행복지수가 낮은 거고,
어쩜 우리 국민의 성취 욕구가 크기 때문 아닐까요?

한 끼 5,000원 짜리 짜징면을 먹는 사람과
10만 원 짜리 호화(豪華) 식사를 하는 사람의
건강이 큰 차이가 없듯,
잘 살고 못 살고,
행복하고 행복하지 않고는

원효 대사께서 말씀하신 대로
'일체유심조(一切唯心造)',
모든 게 우리 마음에 달려있는 거 아닌가요?

그래요. 자족(自足)할 줄 모르고 끝없는
앙앙지심(怏怏之心)으로
앙앙불락(怏怏不樂)한다면,
절대로 행복질 수 없을 거예요.

사람의 행복은 얼마나 많은 소유물을 가지고 있느냐에
달려 있는 것이 아니라,
그것을 어떻게 잘 즐기느냐에 달려 있다.

– 찰스 H. 스파존 –

행복은 많은 것을 가지고 있느냐에
따라 결정되는 것이 아니라,
자신이 결정하고 자신이 만들어가는 것이겠지요.

우리나라 국민들의 행복지수를 높여
정말로 행복한 나라를 만들려면,
누구에게나 기회가 공평하게 주어지고,

정해진 사회 규약(規約)들이 잘 지켜지고,
누구든지 노력하면 잘 될 수 있다는
희망이 넘치는 나라여야겠지요.

그래도 다행인 것은, '카톡'이나 '밴드' 등의
SNS로 주고 받는 '행복의 언어'들이
우리 국민의 행복지수를 높이는 데,
어마어마하게 이바지하고 있어서요.

108-4. 덴마크도 세계에서 행복지수가
높은 나라로 유럽 최고의 복지국가 중 하나죠.
소득의 48%를 세금으로 내지만,
이걸 과(過)하다고 생각하지 않고,
외려 필요하면 더 내겠다는 사람이
국민의 80%를 차지한다네요.

우리도 정부가 부탄이나 덴마크처럼
믿을 수 있고 잘해
부탄처럼, 덴마크처럼만 해준다면,
누군들 세금 내는 걸 아까워할까요?

108-5. "고통이 없으면 얻는 것도 없다!

(No pains No gains!)"와

"피할 수 없으면 즐겨라!

(If you can't avoid it, enjoy it.)"를 철칙으로,

매사를 긍정적으로, '샐리의 법칙'으로 살아

세계 최고로 행복한 나라가 되는

국민 정서를 만들어 주시겠죠?